La musique comme besoin humain

Un plaidoyer pour un enseignement national gratuit de la musique

Alma Webster Hall Powell

Writat

Cette édition parue en 2024

ISBN : 9789359940496

Publié par
Writat
email : info@writat.com

Contenu

PRÉFACE

On remarquera que dans les pages suivantes, les événements politiques et économiques sont présentés sous leur aspect de forces de pression sociale génératrices d'émotions, avec peu d'attention à leurs autres valeurs. Il faut également reconnaître un processus artificiellement sélectif dans la mesure où, parmi les événements, seuls ceux qui semblent avoir produit une réaction émotionnelle directe sur un peuple ont été pris en compte. Les mouvements économiques prolongés qui n'ont produit aucun changement soudain n'ont pas été pris en compte, parce que ce que l'on peut appeler leurs effets perturbateurs étaient trop graduels pour permettre de les inclure parmi les forces spécifiques génératrices d'émotions [1] ; les changements lents ne sont pas ressentis par des peuples entiers. Les masses sans instruction, en particulier, ne prennent conscience des mouvements progressistes que lorsque leurs effets sont si apparents qu'ils nécessitent d'être pris en considération en raison d'une réaction émotionnelle suscitée. L'histoire d'une transition lente peut donc être sans importance, aux fins scientifiques de cette enquête, par rapport aux perturbations quelque peu disloquées qui se sont produites au moment où les événements considérés se produisaient et qui ont provoqué une réaction nettement émotionnelle. De plus, à un moment aussi précis, les événements peuvent avoir été portés à la conscience sociale, non pas tels qu'ils nous apparaissent dans le clair éclairage de l'attitude scientifique et de l'exactitude historique, mais en tant que concepts populaires du moment, ayant le pouvoir de susciter une intense émotion nationale. réaction; Des vagues populaires récentes de sentiments similaires, dues non pas aux faits tels qu'ils sont, mais aux conceptions populaires de ces faits, se présenteront facilement à chaque lecteur.

Après avoir averti que ce n'est pas la dignité de l'histoire, mais l'intensité de l'émotivité du public qui relève de la portée et du domaine de notre enquête, nous pouvons procéder à un énoncé de la méthode et de la thèse générale.

La méthode à suivre consiste à examiner les événements publics et les produits émotionnels contemporains et simultanés, tels qu'exprimés dans la musique.

Les résultats indiqués peuvent faire l'objet d'un énoncé préliminaire comme suit :

1. L'agitation est une cause de perturbation du pouls.

2. Une agitation suffisante produit une perturbation fatale du rythme corporel.

3. Toutes les émotions fortes perturbent le mouvement rythmique dans tout le corps.

4. Le mouvement rythmique, trop souvent perturbé, entraîne des conditions mentales et physiques anormales.

5. La civilisation « perturbe » constamment le rythme corporel.

6. Les troubles politiques et industriels d'une nation sont des signes de « perturbations » du rythme national.

7. La musique, exprimant fidèlement la vie émotionnelle de chaque période, est l'application inconsciente d'un remède à un besoin humain de stimulation rythmique.

Ces points font partie de la thèse générale, qui peut être formulée dans les termes suivants : LA MUSIQUE EST UN BESOIN HUMAIN, AUGMENTANT ET DIMINUANT AVEC LA PRESSION SOCIALE.

La tendance d'un groupe, à chaque étape du développement humain, est de produire une musique adaptée au caractère des perturbations sociales de son époque, et les communautés qui répondent le mieux à ce besoin de rythme par la culture nationale de la musique ont tendance à conserver pendant de plus longues périodes. la sérénité de l'esprit public. On voit donc que le contrôle et le soutien nationaux de la musique peuvent être considérés comme un devoir national. Ce contrôle et ce soutien contribueront à préserver un état d'esprit sain dans l'esprit du public. Une telle condition rendra plus efficaces tous les autres efforts visant à abolir le mécontentement, la maladie, le vice et la criminalité.

La culture nationale et le soutien à la musique sont des moyens efficaces d'exercer un contrôle social, en raison de l'influence apaisante de la musique sur la pensée perturbée. Une telle influence est des plus nécessaires au stade actuel de l'agitation mentale. Établies dans des zones perturbées, les institutions nationales d'enseignement musical gratuit mettraient un frein à l'intellectualisme tendu et à ses idées-monstrosités, puisque la musique provoquerait un relâchement de la concentration mentale. C'est une question d'expérience que le relâchement de la tension accompagne généralement la soumission de l'esprit excité au rythme musical.

Il existe par ailleurs d'autres arguments non négligeables en faveur du soutien national à la musique. En raison des dépenses considérables liées à l'éducation musicale, de nombreux talents américains prometteurs sont désormais privés de culture. Ce pays riche devrait apporter son soutien national à toutes les personnes faisant preuve de capacités musicales marquées et se montrant dignes d'aide.

L'enseignement national américain de la musique est également un devoir envers l'industrie américaine, car un tel enseignement ouvrirait le champ de l'emploi dans la musique aux salariés américains. On peut se faire une idée du volume des affaires privées dans ce domaine à partir des éléments suivants :

MUSIQUE EN OCCIDENT. [2]

Si la musique semble être un luxe inutile pour certains, que penseront-ils de la froide réalité économique selon laquelle Chicago dépense 30 000 000 $ en un an pour des instruments de musique de toutes sortes, des partitions, des livres de musique, des fournitures musicales et des cours de musique ? Ce chiffre est "basé sur des informations fiables", dit MDA Clippinger, dans *The Musician* (Boston), et il laisse entendre que cette dépense annuelle d'une ville occidentale n'est que typique de ce que fait la grande étendue de notre pays au-delà des Appalaches. . On remarquera que cette somme ne comprend pas ce qu'on dépense pour entendre la musique, mais pour s'en instruire.

À l'heure actuelle, l'Amérique est obligée de dépendre, pour sa meilleure musique et son enseignement musical, en grande partie des talents étrangers. Avec le soutien national de son propre talent, cette condition déplorable cesserait bientôt. Cela libérerait également les Américains d'une dépendance absolue à l'égard des institutions privées.

La musique est également devenue une industrie importante, employant un grand nombre d'agents. Il est grand temps que cet emploi soit mis à la portée de la main-d'œuvre américaine. Un tel objectif ne peut être atteint qu'en fournissant une formation adéquate pour ce travail spécialisé. À l'heure actuelle, les étrangers sont les agents de la satisfaction de ce besoin de rythme dans les orchestres, les orchestres, les hôtels, les restaurants, les chorales d'églises, les studios, les clubs, les bateaux à vapeur, les opéras et lors des réceptions sociales. Une activité salariée importante est ainsi hors de portée de nos propres talents.

On peut faire valoir que des dépenses considérables sont déjà engagées par les municipalités et les États pour la formation à l'appréciation musicale sous forme de concerts, d'enseignement dans les écoles publiques, de fanfares de parc, etc. Ces dépenses sont certes très importantes et pourtant quelle est leur valeur productive le long du ligne d'enseignement musical? Quelle est la valeur réelle, par exemple, des milliers de dollars dépensés chaque année pour la musique publique dans une ville comme New York ? L'auditeur instruit trouve les programmes défectueux, très loin d'une véritable expression de l'idée d'un compositeur, tandis que pour l'auditeur non instruit, il s'agit principalement d'un détournement de son attention, sans rien lui apprendre. La création de départements de musique dans les collèges ne pourra jamais répondre à ce besoin criant. La plupart des institutions qui dépendent même en partie des frais de scolarité reçus de leurs élèves, atteignent les moins nécessiteux de notre peuple, et parfois les moins talentueux. Là où le bât blesse le plus, c'est là que réside le danger social ou politique national, et c'est là que les besoins sont les plus grands. Là où la pression sociale se fait le plus sentir, se constitue une mine de diamants musicaux. Ni la ville ni l'État ne peuvent contrôler le développement musical au point de produire un type national de composition musicale. La musique est un besoin universel, passionnément désiré par les enfants du pays. Notre gouvernement fédéral devrait donc répondre à cette demande qui devient chaque jour de plus en plus insistante et qui témoigne d'un besoin national. Nous risquons la prophétie non vaine, selon laquelle la nation américaine tout entière supporterait joyeusement un impôt, pour une œuvre aussi bonne que l'établissement d'écoles nationales gratuites de musique dans tout notre pays. Les statistiques présentées ci-dessous montrent que les pays européens ont reconnu ce besoin. [3] Ces statistiques étaient très difficiles à obtenir et sont plutôt surprenantes dans leur contenu.

Une copie du questionnaire envoyé se trouve en Annexe A. Les nations dont nous attendions le moins de dépenses pour la culture musicale se sont révélées les plus prodigieuses. Les États-Unis se démarquent de l'éventail mondial de mécènes musicaux. L'intérêt récent pour la musique indienne et noire pourrait cependant s'avérer un obstacle à une culture plus large de nos ressources musicales nationales. Nos universités d'État et nos écoles publiques sont des institutions dont la nation est à juste titre fière. Pourquoi ne pas ouvrir vos bras un peu plus largement, l'Amérique généreuse, et prendre dans vos bras votre propre enfant musical, si faible et chétif, mais plein de promesses pour l'avenir ? L'espoir de l'écrivain est que ce cri soit entendu par le chef de la nation.

Avec un tel soutien national en vue, nous avons rassemblé nos statistiques. Les projets urbains ne sont pas pris en compte ; les musiques de parc, les musiques militaires, [4] les nouveaux bâtiments pour les académies musicales nationales, bref, toutes les dépenses pour la musique qui ne tendent pas à contribuer directement à l'éducation musicale des personnes considérées, sont omises. Ainsi, les importantes contributions des villes aux divertissements publics sont entièrement exclues de notre calcul. Les États-Unis ne se sont pas alignés sur les pays européens en matière de culture nationale musicale, mais c'est probablement simplement parce que l'attention de notre nation n'a pas été jusqu'à présent attirée sur la musique en tant que mesure de santé. On a trop fait couler d'encre pour décrire la Musique comme un divertissement, comme un divertissement, comme un idéal, comme un luxe superflu, alors qu'il n'existe pas de plus grand besoin physique et mental que le besoin physique inconscient du rythme, le besoin physique conscient de la Musique.

Il est vrai que le monde n'acceptera peut-être pas immédiatement la théorie du « rythme » exposée ici. Une étude de ce sujet amènerait cependant des découvertes nouvelles et intéressantes en ce qui concerne les effets insoupçonnés de la musique sur le système nerveux. En tout cas, la musique est une faiseuse de miracles qui devrait désormais occuper l'attention des sociologues, des psychologues et des médecins.

La musique a été généralement considérée comme le langage des émotions, mais il n'a jamais été déterminé pourquoi ces émotions, au même titre que l'art, la poésie, la danse et bien d'autres moyens d'expression partielle, nécessitent avec tant d'insistance le son pour se réaliser pleinement. Le battement du pouls et la mesure en musique sont des expressions rythmiques similaires, mais la relation étroite entre l'un et l'autre a été jusqu'ici ignorée. Pourtant, les groupes ont un pouls ; l'histoire a un pouls ; les phénomènes de l'univers physique ont une impulsion ; toutes les manifestations de la vie sont des démonstrations de l'action des impulsions.

Que deviennent les millions de vibrations sonores musicales envoyées dans l'espace par les performances orchestrales d'une grande ville ? Sont-ils tous impuissants, n'atteignant que les organes auditifs et y mourant ? Ou bien entrent-ils réellement dans le système humain et règlent-ils à leur propre rythme parfait tous les mouvements discordants qui y sont rencontrés ? N'agissent-ils pas comme des stimuli sur le psychoplasme sensible et n'entraînent-ils pas des changements dans sa composition moléculaire ? [5]

Tout rythme, aussi divisé soit-il, est un mouvement parfait. Le rythme, agissant sur un mouvement perturbé, tend à imposer son propre mouvement à la discorde, s'il est plus fort que la perturbation rencontrée. Cette théorie non seulement attribue à la musique une mission plus élevée que celle imaginée jusqu'à présent, mais elle rend également compte des phénomènes de vibrations sonores organisées et du désir de musique de toute vie humaine. Ce désir passionné de Musique est un fait établi, et il ne reste plus qu'à démontrer la nécessité de cet élan sonore inspirateur, pour placer la Musique au nombre des nécessités nationales reconnues.

La réponse volontaire de l'Autriche, de la Bavière, de la Belgique, du Danemark, de l'Angleterre, de l'Équateur, de la France, des Pays-Bas, de la Hongrie, de l'Italie, de la Norvège, de la Russie, de la Saxe, de la Suède et des États-Unis à la demande de statistiques musicales de l'auteur mérite une mention spéciale. La Prusse, seule parmi les nations sollicitées pour des statistiques, semblait soit peu disposée, soit incapable de fournir la même chose en ce qui concerne son soutien national à la musique. L'auteur partageait l'opinion générale selon laquelle la Prusse était le leader mondial dans ce domaine. Mais bien que cela ait été demandé par les voies officielles appropriées, de la part de plusieurs milieux influents, aucune réponse n'a été obtenue. Un câble du consul des États-Unis à Berlin indique que les « statistiques musicales ne sont pas disponibles ». La lettre du ministre de Saxe peut donner un aperçu de l'état réel du soutien musical allemand et, à ce titre, elle est ajoutée à l'annexe E. [6]

L'appel dans cet ouvrage est en faveur d'un système d'enseignement musical public basé sur les principes régissant la gestion de nos écoles publiques. Cela constituerait un pas en avant par rapport aux systèmes de soutien gouvernemental aux institutions musicales, tels que représentés dans les statistiques incluses dans cet ouvrage, systèmes qui imposent généralement une petite charge aux élèves qui sont en mesure de payer. Toutes ces institutions accordent gratuitement et pleinement leurs privilèges aux personnes exceptionnellement talentueuses parmi les pauvres. L'objet de chacune des institutions que nous préconisons devrait être le soutien, par le gouvernement, des talents musicaux indigènes, sans égard aux profits ou aux pertes dans la gestion. La musique est une de ces sciences qui n'attirent pas à leurs études les personnes sans talent et, dans ce cas, elle entraîne peu de perte d'instruction. L'étude appropriée de la musique comprend un grand nombre d'études régulières dans les écoles publiques et de nombreux éléments de l'enseignement supérieur, comme la psychologie, la biologie, la sociologie, la physique, l'économie, la législation sociale, l'histoire, les langues, la littérature, l'entraînement physique, l'auto-apprentissage. Contrôlez, sans parler des études mathématiques incluses dans des branches telles que l'orchestration, l'harmonie, le contrepoint, etc., qu'un collège musical modèle fournirait une éducation et une culture bien plus bénéfiques aux individus et au groupe que celles proposées par certains d'entre eux. les systèmes éducatifs actuels. Le coût immédiat serait immense, mais l'auteur est convaincu que cette dépense apporterait des bénéfices rapides, en diminuant les coûts de protection de l'individu autochtone, de nombreux effets des troubles nerveux chez les enfants et chez les adultes, en atténuant le mécontentement, les émeutes. , l'antagonisme entre le travail et le capital et de nombreuses manifestations de folie partielle. En bref, un tel système est un facteur primordial de contrôle social, à l'absence duquel peut être attribué dans une certaine mesure le péril actuel pour la civilisation.

Nous profitons de cette occasion pour exprimer notre gratitude pour les statistiques fournies dans chaque cas aux messieurs suivants, qui, soit à titre officiel, soit à titre privé, ont répondu au questionnaire soumis et dont la coopération a été inestimable dans notre tentative de présentent les conditions les plus récentes de la musique subventionnée par l'État à l'étranger : Wilhelm Bopp, directeur de l'Académie impériale et royale de musique et des beaux-arts, Vienne, Autriche ; M. Steiner, ministre de l'Intérieur, du Culte et de l'École, Bavière ; M. Phillis, Ministre des Arts et des Sciences, Belgique ; J. Clan, consul général du Danemark à New York, et Cornelius Rübner, directeur du département de musique de l'Université de Columbia ; Olmedo Alfaro, fils du Président de l'Équateur, et des directeurs du Conservatoire de Quito, Équateur ; AW Twenlyman, du English Education Board, Londres, Angleterre ; I. Philipp du Conservatoire de Paris ; Ème. Heemskerk, ministre de l'Intérieur des Pays-Bas ; Luigi Credaro, Ministre de l'Instruction publique, Rome, Italie ; Ole Olesen, inspecteur militaire de la musique, Norvège ; Wm. Thackara, consul général américain, Berlin, Allemagne ; Alexandre Lyssakovsky, premier secrétaire de l'ambassade de Russie à Washington, DC ; (Graf) Vitzhum von Eckstaedt, ministre de l'Intérieur de Saxe ; Bror Beckman, du Conservatoire Royal de Musique de Stockholm, Suède ; LA Kalbach, Greffier en chef du Bureau de l'Éducation des États-Unis, Washington, DC ; M. Wm. H. Taft, ancien président des États-Unis ; Naray-Szabo, secrétaire d'État de Hongrie, et le Dr Paul Majewsky, chef de la section des beaux-arts du ministère royal hongrois des Cultes publics et de l'Éducation, Budapest.

Nous devons également remercier l'inspiration trouvée dans les cours d'études suivis sous la direction des professeurs suivants de Colombie : Dr FH Giddings en sociologie, Dr Henry Seager en économie, Dr S. McC. Lindsay en législation sociale, Dr ERA Seligman en économie, Dr JB Clark, Dr AA Tenney en sociologie, Dr RE Chaddock en statistiques, Dr C. Ruebner en musique et Dr VG Simkhovitch en économie. Aucun de ces cours ne s'est révélé superflu dans la présente thèse, et nous sommes en effet fiers que la musique, si longtemps considérée comme un luxe, puisse montrer les rapports avec les intérêts qu'elle représente. Notre obligation envers les professeurs Giddings, Seager, Chaddock, Lindsay et Ruebner est particulièrement grande.

Nos sincères remerciements sont dus, pour la collecte de ces statistiques, au Commendatore Eugenio di Pirani, Président de l'American Philharmonic Academy.

NOTES DE BAS DE PAGE :

[1] Les longs mouvements ouvriers qui sont reconnus comme étant des forces lentes à générer des émotions ne sont pas inclus.

[2] Le *Recueil littéraire* , 10 janvier 1914.

[3] Annexe E .

[4] Il s'agit d'orchestres loués, non composés de musiciens formés à cet effet par le gouvernement fédéral. Cette formation, comme en Angleterre, constitue une forme importante de formation professionnelle.

[5] L'énigme de l'univers, par Ernst Haekel, p. 110.

[6] Les originaux très précieux des lettres des ministres des Affaires étrangères sont conservés et en possession de l'auteur.

PARTIE I.
LA THÈSE.

CHAPITRE I.
LA MUSIQUE COMME BESOIN HUMAIN.

Notre thèse envisage une nouvelle phase de l'étude psychologique et sociologique, celle dans laquelle nous devons nous efforcer d'estimer le rôle joué par la vibration comme force agissante dans le développement mental et environnemental.

Quelle que soit la direction dans laquelle nous nous tournons, la musique se rencontre sous une forme ou une autre. Le fait incontestable que la musique ne se limite pas à l'espèce humaine, mais fait partie de la vie des oiseaux et d'autres animaux, indique fortement qu'il y a quelque chose de plus dans la musique que son apparente qualité agréable, et que sous son éventail de formes superficielles, il doit exister une grande nécessité fondamentale pour son existence et son fonctionnement. D'elle peut dépendre la préservation de la vie de certains organismes vivants complexes.

La théorie de Darwin telle qu'exprimée dans « La descendance de l'homme » [7] ne nous semble pas toucher à la véritable source du phénomène, et dans les « Illustrations du progrès universel » de Spencer, la théorie de ce dernier sur l'origine et la fonction de la musique [8] il nous semble omettre le plus grand facteur de la musique. L'idée de Spencer est que toute musique est une idéalisation du langage naturel de la passion, mais la nature de la passion ne se prête pas en réalité à la musique, car la spontanéité de l'action de la passion interdit à jamais l'exercice du contrôle qui est nécessaire à l'exécution de la musique. . Wallaschek, dans « Primitive Music » [9], affirme que la musique est le résultat de l'impulsion rythmique originelle de l'homme. Cette dernière théorie mentionnée se rapproche davantage de la théorie avancée par nous dans le présent ouvrage, à savoir que la musique trouve son origine dans le *besoin de l'homme* de vibrations sonores rythmiques, pour rétablir le mouvement rythmique dans son propre système nerveux, perturbé par l'augmentation évolutive. d'action mentale non employée de manière rythmique. [10] Afin d'appréhender le sujet pleinement et dans toutes ses implications, nous devons retracer le chemin de l'évolution jusqu'au point où l'être vivant qui s'est ensuite développé pour devenir l'homme d'aujourd'hui, s'est d'abord retrouvé en possession d'agents de locomotion et appendices préhensiles, et commencèrent d'abord à se déplacer à la recherche de matériaux énergétiques, avec lesquels satisfaire un besoin intérieur d'intégration. La première chose qui bougeait a commencé à dissiper son mouvement et à « avoir besoin » d'une intégration correspondante. Le rythme marquait cette action intérieure primitive, non perturbée par les idées ; le rythme régissait également le stimulus externe. Cet atavus préhistorique mangeait lorsqu'il avait faim, ou lorsqu'il pouvait obtenir de la nourriture, son besoin étant rythmé, à l'époque où les fruits et les noix offraient une satisfaction facile à une faim rythmée ; il se réveillait au point du jour et dormait avec le soleil ; rythmé à tout moment.

Par conséquent, la circulation et le pouls de cet homme primitif devaient être relativement rythmés, et pourtant il n'existe aucune trace de la musique en tant qu'invention, jusqu'à ce qu'un nouveau facteur surgisse dans son environnement. [11] Les besoins de la vie ont commencé à suggérer des partenariats, des groupes de parentalité cimentés par les enfants, des groupes familiaux rencontrés et associés à d'autres groupes familiaux, d'autres encore ont été ajoutés et la tribu a été formée. Une grande partie de la vie tribale des temps préhistoriques est une question de conjecture, mais on peut en apprendre suffisamment des *mœurs* des tribus ultérieures pour suggérer avec une probabilité raisonnable certaines des premières coutumes tribales. La musique est une invention tardive, mais les éléments à partir desquels la musique est façonnée – le rythme, le mouvement et le son – constituent les premières impulsions, les premières réponses à des stimuli eux-mêmes rythmiques ; et les peuples les plus anciens montrent des traces de l'amour du son dans l'action rythmique. Il est probable que l'association, avec l'homme comme avec les oiseaux, a développé un besoin de communication ; de ce besoin est née la formation acoustique de la parole, et la parole a à son tour apporté le premier échange conscient d'idées. Une action mentale intense provoque un rythme physique perturbé. Les fonctions physiques ne sont pas encore adaptées aux perturbations physiques provoquées par une telle action mentale. Les organes nécessaires à l'assimilation des terribles stimuli de la vie moderne sont encore imparfaitement développés, comme le montre l'incapacité du corps à faire face à une intellectualité croissante et à la soi-disant augmentation de la folie dans les temps modernes. De même que l'œil a évolué du sens du toucher à sa puissance actuelle et peut progresser vers une capacité de vision encore plus claire, le système nerveux a évolué de sa cellule unique à sa multiplicité cellulaire actuelle et peut développer de nouvelles formations cellulaires. avec lequel soutenir les degrés changeants de stimuli ajoutés.

Un écart par rapport aux croyances établies sera noté à ce stade. Les idées étaient des stimuli merveilleux et puissants pour l'esprit primitif. Cette tension extrême qui provoque le déséquilibre des esprits modernes n'est pas proportionnellement plus intense que n'aurait dû l'être la réaction de l'esprit primitif à la toute première question et réponse du discours primitif. Un nouveau stimulus agissant sur un nouvel organe produisit une nouvelle perturbation, une perturbation d'une vie jusqu'alors purement rythmée ; et une partie de la famille organique interne s'est séparée pour un mouvement indépendant, s'est différenciée selon un rythme qui lui est propre, différent bien entendu de ce vieux rythme établi de la vie physique la plus ancienne. C'est précisément à ce stade du développement que le besoin d'un réajustement plus ou moins conscient s'est fait instinctivement sentir. Le rythme interne avait été perturbé et l'homme a immédiatement inventé un producteur artificiel de vibrations rythmiques : la percussion. Cela envoyait dans son système nerveux d'innombrables milliers d'impulsions rythmiques, qui tendaient à rétablir son mouvement rythmique perturbé. Soutenir que les premières inventions rythmiques doivent être recherchées dans les chants de guerre, dans les rites religieux ou dans les divertissements festifs, nous semble ignorer non seulement toutes les étapes préalables extrêmement importantes par lesquelles une telle complexité relative a été atteinte, mais aussi pour laisser le phénomène de soif de rythme, avant l'invention de l'instrument le plus primitif, totalement inexpliqué. Lorsque l'élément de guerre entre dans la vie tribale, il y a déjà eu une certaine croissance de l'institutionnalisation. La vie familiale, le mariage, l'héritage, le gouvernement : tout cela se trouve déjà à un certain stade de développement, dans les toutes premières tribus dont nous avons une connaissance positive. La vie de ces tribus, si semblables dans toutes les régions du monde, produisait certaines perturbations dans le mouvement rythmique originel du corps. La réaction à une telle perturbation s'exprimait exactement dans les rythmes que les producteurs avaient instinctivement conçus à chaque étape. La guerre a été le seul grand perturbateur du rythme habituel pendant des siècles, et par conséquent une musique répondant aux besoins de cet élément a été inventée très tôt.

Pour les crises perturbant le rythme domestique, la musique – le son – était souvent utilisée par les tribus. Les anciens Chinois [12] avaient l'habitude de « sonder » la maison d'un couple nouvellement marié, avec l'impression que les mariés entreraient ainsi dans une maison « débarrassée des démons maléfiques ». Nous avons ici une reconnaissance subconsciente de la force motrice réelle de la vibration rythmique. Ainsi, dans l'ancien Japon, les chants de guerre étaient les anciennes expressions de l'agitation nationale. Ceux-ci, accompagnés comme ils l'étaient invariablement de sentiments élevés de loyauté et de patriotisme, stabilisèrent la rage de la fièvre de la guerre jusqu'à un bon point de combat et empêchèrent des charges impulsives ou trop imprudentes.

Les Hindous [13] croient que leur gamme musicale est une inspiration du Ciel. Leur musique est l'expression d'une agitation religieuse plutôt que militaire.

Quand on pense à quel point l'homme primitif a dû s'interroger au début sur toutes les forces inconnues qui l'entouraient, n'est-il pas possible de croire que l'émotion religieuse, plutôt que guerrière, a été la première à agiter intensément toutes les premières tribus ?

Les anciens peuples de souche aryenne semblent avoir été très doués musicalement. Probablement en raison de leurs habitudes itinérantes, de leur esprit guerrier ou de leur quête de culture, les Aryens ont développé très tôt et fortement ce besoin accru de stimulation rythmique dans les percussions.

L'agitation perse a pris la forme de l'occultisme, comme le montrent les symboles ornés des murs de leurs temples du feu. Leur musique était considérée comme symbolique. Ils croyaient, par exemple, que la musique était comme un arbre et que ses sons étaient représentatifs du feu, de l'eau, de l'air et de la terre, des signes du zodiaque, des planètes et même du jour et de la nuit. [14]

La musique se combine aux idées dans l'expression du rythme, en proportion directe avec le développement des idées dans la culture des différentes races. Lorsque la guerre cessa d'être le principal facteur de perturbation du rythme corporel, et plus tard encore, lorsque les périodes de repos devinrent habituelles entre de longues guerres, l'impulsion déjà donnée aux tribus par les occupations décisives de la guerre, et l'augmentation du mouvement moléculaire des corps qui en résulta orgues, tournèrent l'attention tribale, en temps de repos, vers des pensées d'amour, de décoration et de poésie, mais surtout vers l'idée d'enregistrer les actes émouvants de leurs héros dans une sorte de musique. Les Indiens ont probablement toujours chanté leurs actes en rythme, bien que souvent avec un accompagnement instrumental à un rythme différent, pratique courante qui devait répondre au besoin d'un état mental « perturbé » par les stimuli d'un danger toujours présent. [15]

La musique rythmique considérée comme une création de l'esprit et comme un besoin du corps, la mesure de l'effet des vibrations musicales sur l'action humaine, ouvrira certainement la voie à un fonds surprenant de nouvelles connaissances. Le nombre de vibrations captées par l'oreille lors de la plus simple performance de batterie doit être énorme, et lorsqu'on se rend compte que ces vibrations représentent une force vive frappant les nerfs tendus, et que les effets sont quantitativement mesurables dans un laboratoire psycho-physiologique, un impact significatif on peut prédire avec certitude le développement de la psychiatrie. Il serait intéressant d'étudier les différents résultats d'un même environnement musical, sur les réactions nerveuses d'êtres partiellement sourds et d'êtres normaux, pour découvrir dans quelle mesure la conscience subjective et consciente de certains sons affecte les résultats physiques objectifs de l'activité vibratoire. force qui les produit.

On sait que les animaux sont sensibles aux sons de la musique, et les oiseaux créent même ce qu'on appelle la musique ; cette création des oiseaux ne nous semble rien d'autre que leur effort instinctif pour rétablir une action rythmique interne perturbée. [16] Quoi qu'il en soit, la vibration est l'élément fondamental de la musique comme de la vie, et là où la musique existe, il y a toujours eu une sorte d'excitation préalable.

Les stimuli intellectuels complexes étant absents dans la vie tribale, le rythme général était dans la plupart des périodes modérément facile à maintenir. Les événements suffisamment nouveaux pour être passionnants étaient rares. Les guerres tribales étaient considérées comme l'occupation habituelle de l'existence ordinaire. De sorte que, que la polygamie ou la monogamie caractérisent les relations conjugales, que la femme ou l'homme dirige la vie familiale, que des sacrifices humains ou animaux soient offerts à un ou plusieurs dieux, les stimuli rencontrés dans les expériences quotidiennes étaient très semblables dans leur monotonie, et très semblables. le même dans toutes les tribus. Les coutumes se transmettaient d'une génération à l'autre et se transmettaient d'une partie à l'autre de la surface terrestre, mais les expériences ordinaires variaient peu jusqu'à ce que, sous la stimulation des moteurs et des machines à vapeur, les nations développèrent la fièvre industrielle qui semble caractériser les temps modernes. Même aujourd'hui, dans les localités où les journaux et les chemins de fer ne pénètrent pas, la vie tend à revenir à des idéaux primitifs. Les intérêts des tribus résidaient dans l'élevage du bétail, dans la naissance d'une progéniture mâle, dans la division du travail entre la recherche et la préparation de la nourriture et dans l'unification d'un groupe fort hostile à tous les autres groupes. Ces occupations coexistaient avec un environnement simple, peu excitant pour les organes des sens au repos, au milieu d'un environnement scénique toujours épargné par l'artificialité ; où se déroulaient des scènes villageoises peu variées ; où aucune raison n'existait pour provoquer une rapidité anormale des mouvements oculaires ; où ne se produisaient que de rares chocs dans le rythme régulier des mouvements des cellules nerveuses. Il n'y avait donc que peu ou pas besoin de rythme compliqué en musique. On se souviendra que la musique est un besoin pour cette partie de l'humanité ou de tout organisme vivant qui, en raison de sa réception préalable de stimuli irréguliers, a perturbé le mouvement rythmique interne et indépendant naturel, transmis par la mère lors du processus de naissance. Une activité cardiaque augmentée n'est parfois pas nocive, même si elle est supérieure à la normale, mais une activité cardiaque qui change constamment de rythme, tantôt rapide, tantôt lent, tantôt faible, tantôt fort, a tendance à perturber le mouvement rythmique normal de la vie. les cellules, résultat provoqué par la multiplicité moderne de stimuli irréguliers et observable chez l'homme civilisé moderne. Une grande multiplicité de stimuli que l'homme tribal expérimentait rarement. Sa musique percussive n'était pas complexe, parce que les stimuli vitaux n'étaient pas complexes ; le système nerveux du sauvage n'était perturbé que par peu de processus mentaux – simples résultats des stimuli peu nombreux et invariables offerts par sa vie tribale.

A l'approche des temps modernes, voyons quel rôle assumait la musique dans la vie tribale des premières races germaniques. En ces temps d'excitation guerrière, où les tribus se battaient comme des animaux sauvages et où l'esprit de guerre régnait pleinement, les Allemands en marche vers la bataille, leurs casques ornés de têtes d'animaux, leurs grands corps vêtus du simple *sagum* , scandaient leur guerre. chants et continuaient de battre en rythme leurs boucliers. Cette tendance toujours visible vers le son rythmé indique un besoin subconscient de ce son, un besoin qui nous agace souvent dans l'envie de nos enfants pour le bruit des percussions, un bruit, ont peut-être été observés par des parents qui souffrent depuis longtemps, qu'ils aiment par-dessus tout. d'autres détournements. Tant que la guerre et la religion occupaient seules l'humanité, et avant que le besoin humain de sons rythmés ne devienne si prononcé, au point de créer l'idée très compliquée de produire une impulsion vibratoire, à partir d'intervalles sonores agréables, combinés avec des images verbales d'émotions humaines, tant de temps a duré un simple rythme dans la musique suffit à rétablir un mouvement interne perturbé.

Les Gaulois ont fait un pas de plus que les Germains vers l'organisation musicale, en entretenant des « bandes de bardes », décrites par Tacite comme accompagnant les armées gauloises afin d'encourager les guerriers.

NOTES DE BAS DE PAGE :

[7] Partie II, p. 375 : « Cependant, le vrai chant de la plupart des oiseaux et divers cris étranges sont principalement émis pendant la saison de reproduction et servent de charme, ou simplement de note d'appel à l'autre sexe. »

[8] Vol. II, Chap. 19.

[9] Chapitre 9.

[10] Si, comme le dit Haekel dans « L'énigme de l'univers », p. 116, « Lorsque les racines du mimosa sont secouées par le pas d'un passant, le stimulus est immédiatement transmis à toutes les cellules de la plante », le stimulus bien plus fort du son musical ne pourrait-il pas être transmis de la même manière aux cellules humaines non directement concernées par audience?

[11] L'octave de demi-tons chantée par l'Hylobates Syndactylus n'est qu'un effort de parole.

[12] Histoire américaine et Encyclopédie de la musique.

[13] Idem.

[14] Idem.

[15] On notera que la référence aux idées en tant que « perturbations du rythme moléculaire purement physique » est utilisée tout au long de ce livre, car il est ici affirmé que, tout comme l'arrêt inconscient de la respiration pendant quelques secondes lors de l'écriture d'un L'idée, exprime le contrôle de l'action mentale sur l'action du cœur et la circulation du sang, de même la réception continue de nouvelles impressions dans l'esprit affecte le mouvement rythmique régulier originel du corps tout entier. La pensée est donc un véritable perturbateur du rythme du corps. De même, tout accès de colère, de peur ou de joie est immédiatement enregistré dans le pouls.

[16] Nous sommes conscients que Darwin insiste sur l'élément de sélection sexuelle dans le chant de l'oiseau.

CHAPITRE II.
MUSIQUE ET MOUVEMENT.

La musique, agent reconnu mais encore non dirigé du maintien du rythme, est recherchée et produite en fonction des perturbations d'un corps politique ou d'un corps individuel. Les produits musicaux d'une nation reflètent bien mieux l'histoire de cette nation que la plume et l'encre ne peuvent laborieusement l'épeler. La musique atteint les besoins physiologiques et psychologiques et tend à rétablir l'équilibre rythmique, qu'elle soit appliquée aux organes physiques ou aux membres d'un corps national. Et comme les agrégats de matière et de mouvement dans les corps humains combinent tous leurs rythmes inégaux, complexes et pourtant distincts sous un rythme moyen, qui devient le rythme caractéristique de l'ensemble, de même les produits musicaux d'une nation, pendant un temps donné. ou l'âge, combinent leurs mouvements inégaux sous un mouvement ou une caractéristique moyenne, qui inclut tous les produits rythmiques et que nous considérons comme une « couleur » ou un « tempérament » caractéristique dans la musique nationale de cette période. Et comme la moyenne qui gouverne le rythme ou la pulsation d'un être, individu ou nation, ne peut être confondue avec la moyenne d'une autre combinaison que la sienne, de même la « couleur » ou le « tempérament » des produits musicaux d'un pays se distingue clairement. de celui des produits musicaux d'autres pays.

De la même manière, l'humanité, cet agrégat plus vaste de molécules humaines, montre une couleur médiocre dans les produits ou mouvements unis de ses parties, les nations. Le « ton » de la musique du XIXe siècle est plus complexe que celui du XVIIIe siècle, même si l'Espagne rétablit encore ses perturbations du XVIIIe siècle avec la musique du XVIIIe siècle. L'Angleterre, avec peu d'émotions profondément perturbées, se contente de doses de musique du début du XIXe siècle. La France applique ses propres images sonores intellectuelles vives à ses troubles psychologiques et politiques. L'Allemagne trouve la panacée à ses troubles dans les couleurs de la tragédie de l'âme et de la forte sentimentalité. L'Italie, jusqu'à ses récents pas vers des méthodes modernes de production de stimuli, sirotait sa délicieuse comédie et sa tragédie fleurie, dans de gracieuses coupes musicales à l'ancienne. Les productions musicales du XIXe siècle en Angleterre, en France, en Allemagne et en Italie sont, pourrions-nous dire, des images de leurs différents « troubles » nationaux et des mesures quantitatives exactes de la profondeur avec laquelle le rythme national moyen a été perturbé. Toutes ces productions musicales réagissent à nouveau sur l'ensemble de l'humanité et sont combinées sous ce que l'on appelle le rythme moyen ou caractéristique de l'âge du XIXe siècle.

Comme nous l'avons noté plus haut, il existe trop peu de données révélatrices des habitudes de l'homme primitif pour que nous puissions apprendre quoi que ce soit de sa musique, mais on peut supposer sans risque de se tromper que sa simplicité ou sa complexité relative correspondait à la simplicité ou à la complexité relative de son esprit. et la vie physique. Sans aucun doute, la première complexité de groupe est apparue avec les habitudes errantes, l'entrée dans de nouveaux environnements et la soumission du système psycho-physique de l'homme à de nouvelles « souches » de stimuli perturbateurs.

Selon cette théorie, nous devons définir les « perturbations » comme des réponses à des stimuli variables qui accélèrent ou retardent indûment le mouvement du pouls corporel, modifiant ainsi le rythme *normal* du pouls. On en trouve des exemples dans les migrations soudaines, les élans d'enthousiasme, les guerres, les révoltes et même dans certaines recherches intellectuelles avides.

La musique est une phase du processus évolutif. L'évolution musicale a aussi son ordre : (a) dans l'appréciation, [17] lorsque l'esprit humain primitif devient conscient du rythme existant, des combinaisons sonores ; (b) dans l'utilisation, lorsque son effet apparemment magique suggérait son association avec les festivités et les rites de culte ; (c) dans la caractérisation, lorsqu'elle repose sur un piédestal à part entière, reconnu comme une nécessité humaine parfaitement adaptée à son environnement ; et (d) dans la socialisation, lorsque sa fin en tant qu'agent de réalisation de soi sera entièrement comprise. La caractérisation est le mode auquel la musique est parvenue aujourd'hui. La socialisation ne fait que commencer et doit encore être développée plus pleinement avec une plus grande compréhension.

Encore une fois, dans l'évolution musicale, il y a eu une étape de développement idéo-motrice. [18] Cette étape motrice puissante, agressive et persistante a été démontrée dans les tambours grossiers et autres instruments grossièrement taillés des premiers hommes. Dans son aspect imaginatif convivial, il a répondu à un besoin de type idéo-émotionnel. Le besoin émotionnel dogmatique a tiré des ressources de ce type les produits musicaux austères du génie du maître. Ne trouvons-nous pas aujourd'hui en France, en Allemagne et dans l'Italie moderne un rythme national perturbé par des stimuli intellectuellement critiques [19], qui à leur tour font naître une musique intellectuelle critique de la complexité la plus distincte ? La musique est à la fois une force sociale et socialisante qui, bien que créée par la société, réagit sur son créateur.

En passant en revue les étapes de l'évolution musicale, ne discernons-nous pas une volonté concertée ? Le ton mesquin des types musicaux nationaux ne montre-t-il pas une acceptation concertée de ce qui répond aux goûts et aux besoins nationaux ? Les applaudissements mêmes qui établissent le type moderne sont le signe extérieur d'une intention intérieure d'adopter ce produit. Un jugement froid et retenu précède *cette* acceptation. Tout public manifeste le sentiment de ressembler à des individus dans cette unité de critique si généralement manifestée. Il est évident que dans ce dernier cas nous percevons cette sympathie réfléchie qui nous montre à quel point nous sommes semblables à notre prochain. Ensuite, il y a l'évidence d'une sympathie organique qui établit que le goût ou le dégoût pour certaines musiques, selon le mouvement moyen ou le rythme des vibrations sonores musicales, correspondent à une combinaison similaire de mouvements et de rythmes dans nos propres systèmes. Et l'affection pour un rythme semblable au nôtre n'est-elle pas plus forte que notre goût pour un rythme différent ? Un type dogmatique et émotionnel [20] peut-il éprouver une véritable affection pour les chansons de ragtime ou en ressentir un besoin sincère ? L'Italie du début du XIXe siècle pouvait-elle éprouver de l'affection pour la musique d'un von Weber ? L'Allemagne, dans la fièvre de l'émotivité franco-prussienne, pourrait-elle éprouver de l'affection pour les œuvres de Verdi ? Jusqu'à tout récemment, Paris n'aimait pas les opéras de Wagner.

Pour éviter que cela ne ressemble à une tentative d'étendre la terminologie sociologique pour couvrir un territoire autre que le sien, poursuivons notre examen. Même dans son passage de l'homogène à l'hétérogène, la musique, dans ses parties nationales, bien que très hétérogènes comme les parties intégrées du corps, cède à la passion sociale pour l'homogénéité. En témoigne la similitude croissante de ses idéaux. Même l'Italie, dans son nouvel éveil, tend la main vers l'égalité musicale avec les idéaux modernes les plus complexes, illustrant la tendance de toute inégalité vers l'égalité finale.

La musique qui répondait aux besoins d'une société ethnique ne pouvait en aucun cas rétablir le rythme perturbé des groupes politiques. Le système de la « famille gentille » a longtemps réussi à contrecarrer les effets des attaques de mouvements hétérogènes sur la structure nerveuse calme, par une musique adaptée à ses besoins. Ce n'est qu'avec la décadence du système patriarcal que les groupes en sont venus à exiger de la complexité dans l'agence de rétablissement qu'est la Musique.

Les perturbations internes devaient être rares dans toute vie de clan, les stimuli environnants étant relativement homogènes, simples et diffus. L'homme paléolithique, avec son environnement extérieur immuable, n'avait guère de raisons de subir des perturbations internes. Les légères perturbations qu'il souffrait étaient probablement corrigées par une simple composition rythmique: même les bébés créent un rythme sonore prononcé avec n'importe quel instrument à portée de main et indiquent un réel plaisir dérivé de ce qui nous semble être un simple bruit.

Les sons produits par des êtres non humains ne sont qu'une simple décharge d'énergie excédentaire, dans une création de stimulus rythmique, et non des combinaisons sonores conscientes dans un chant. La musique est un produit « naturel » de la société *humaine* . Il doit être aussi ancien que ces intégrations de parties du corps humain, devenues des agrégats de matière et de mouvement, pour prendre en charge de nouveaux stimuli entrant en collision avec les mouvements déjà contenus. Par la sauvagerie inférieure, moyenne et supérieure, [21] avant même le début du discours, la musique devait être à portée de main, bien que sous sa forme la plus simple imaginable. La musique suivait le rythme des stimuli externes relativement simples de chaque période.

Avec l'utilisation du feu et de l'arc et des flèches dans la haute sauvagerie, une nouvelle hétérogénéité est apparue dans les stimuli entrant dans l'organisme ; les perturbations étaient encore simples, mais avec la domestication des animaux, avec la culture des plantes par irrigation, avec l'utilisation de la brique et de la pierre en adobe dans l'architecture, la musique a dû progressivement gagner en complexité afin de faire face aux nouvelles perturbations du mouvement corporel. conséquence de ces changements dans la réaction de l'homme à son environnement. Puis, avec l'emploi du fer dans la barbarie supérieure, la musique commença à montrer de nouveau son utilité nécessaire, comme dans les tribus grecques de l'âge homérique et dans les tribus germaniques du temps de César.

À cette époque, la musique avait largement dépassé les stades de « l'appréciation » pour entrer dans ceux de « l'utilisation ». [22] Fortement rythmé, il contribuait à la recréation (ou aux recréations) de l'équilibre corporel ! Il calmait un mouvement intérieur intense ou stimulait une circulation en déclin dans son union avec les rites religieux. Des réalisations des barbares ultérieurs telles que la poésie, la mythologie, la belle architecture des temples, les villes fortifiées, la construction navale, la fabrication du vin, les tissus, les outils pour moudre le maïs, le four à flanc de colline pour fondre le minerai et de nombreux autres appareils mécaniques anciens, [23] la civilisation a fait évoluer son alphabet phonétique et ses archives littéraires, créant ainsi des stimuli qui perturbent le rythme de la civilisation. Entre-temps, la famille se développe jusqu'à la monogamie et les droits de propriété individuels ouvrent la voie à un nouveau système politique. Une forme avancée de vie municipale dans les villes fortifiées ayant déjà créé l'idéal du trésor urbain à protéger, le pas fut finalement franchi vers des droits de propriété individuels distincts de ceux de la gens.

Le fait que la musique telle que nous la rencontrons pour la première fois soit déjà quelque peu complexe n'est pas surprenant si l'on la considère en termes de mouvement, reproduisant en principe la construction du corps humain. Ce dernier peut également être considéré en termes de mouvement ; car que sont les organes du corps, sinon des intégrations de molécules en mouvement ? Le rythme d'un organe corporel est comme une note composée de mouvements périodiques. [24] Les divers organes de masses et de mouvements différents, agissant ensemble sous un rythme principal, ne sont que des accords de notes diverses, tandis que cette moyenne des moyennes, le pouls, enregistre le rythme directeur de tous ces éléments ensemble, comme le fait le *temps* dans musique.

Avec la différenciation de la race aryenne des barbares qui n'étaient pas actifs dans la création et l'utilisation de nouvelles inventions, il en résulta certains réarrangements des mouvements corporels qui ne pouvaient manquer de « perturber » les anciennes habitudes de vie. Avec un rythme artificiel déjà disponible, l'instinct seul suffirait à en inciter à l'appliquer. L'appréciation de la musique à ce stade ne refléterait que la satisfaction dérivée de l'audition de sons rythmiques, suffisamment variés pour enflammer ou calmer le mouvement intérieur, sans l'éloigner trop de la norme. Le système des « gens », tel qu'on le trouve en Grèce, à Rome et chez les aborigènes américains, ainsi que chez les sept irlandais et les clans écossais, aurait tendance à contenir les émotions complexes. De telles gentes, étant des corps consanguins, descendant du même ancêtre commun, portant un nom gentil et unis par des liens de sang réels ou fictifs, étaient des corps compacts avec des institutions relativement simples. Ils ressemblaient à des formes corporelles primitives, constituées de mouvements contenus dans une croûte externe et avec peu d'intégrations intérieures distinctes.

La musique, en tant que simple rythme agréable à l'oreille, répondrait à tous les besoins de perturbation de cette époque et serait elle-même un simple mouvement contenu, avec peu de parties intégrées. Ce n'est qu'avec le début d'une pensée « rationnelle » ou « l'interposition de nouvelles idées entre la stimulation et l'action musculaire qui en résulte » [25] qu'une telle complexité d'effort mental induit l'intégration de nouvelles parties avec de nouveaux mouvements afin de répondre à la tension supplémentaire. .

<hr>

NOTES DE BAS DE PAGE :

[17] Sociologie descriptive et historique de Giddings, pp. 186 à 212.

[18] Sociologie descriptive et historique de Giddings, p. 237.

[19] Autrement dit rationaliste.

[20] Giddings, op. cit. p. 238-239.

[21] Morgan : Peuples anciens.

[22] Sociologie descriptive et historique de Giddings, pp. 186 à 212.

[23] Les peuples anciens de Morgan.

[24] Helmholtz, Sensations de ton, Partie I, p. 8.

[25] Sociologie descriptive et historique de Giddings, p. 346.

CHAPITRE III.
RÉACTION DE GROUPE ET INDIVIDUELLE À LA MUSIQUE.

Un bref compte rendu d'expériences.

La musique calme l'agitation humaine. Nous croyons qu'une quantité suffisante de vibrations musicales calmera toute agitation, qu'elle se manifeste par des mouvements mentaux anormaux ou des mouvements physiques anormaux. La musique agit différemment sur ces faibles états de mouvement représentés par le tempérament flegmatique et les communautés rurales. Ici, la musique excite plus que lorsqu'elle entre en collision avec des mouvements nerveux agités. Ces deux effets marqués de la musique ont été remarqués par l'auteur dans les expériences suivantes qui se sont étendues sur une période de plusieurs années, parmi toutes les classes qui composent le groupe civilisé :

Des concerts à travers le Canada et l'ouest des États-Unis

De trois tournées successives dans la province baltique de Russie, avec un public de type idéo-émotionnel et dogmatique-émotionnel.

Des essais de concerts et d'opéras en Allemagne et en Angleterre.

Des essais de concerts et d'opéras dans les États de l'Est des États-Unis

Des tests de concerts et d'opéras parmi les éléments révolutionnaires de la ville de New York, y compris la vie sous la tente de Coney Island pendant cinq mois, le travail social du Lower East Side pendant cinq ans, les tests de Brooklyn Working Girl, les études religieuses, politiques et sociétales parmi les publics réels représentés par ces derniers. Des classes.

Plus de deux cent mille personnes ont été observées au cours de ces essais quant aux effets de la musique, et les résultats ont suggéré les besoins suivants, qui, selon l'auteur, peuvent être étendus au traitement de nombreuses maladies de l'esprit. Une agitation corporelle anormalement accrue ou anormalement réduite, ou un mouvement vers l'intérieur, « a besoin » d'un stimulus rythmique provenant d'un mouvement très agité, comme dans la musique ; le *même* état de mouvement très agité dans le corps répond au stimulus par des mouvements calmes ; l'agitation corporelle anormalement réduite répond au stimulus *différent* des mouvements très agités de la musique, dans l'excitation : un corps parfaitement normal « n'a pas besoin » de musique (mais celle-ci n'existe pas).

(1) Les corps sociaux et individuels manifestant des états anormaux d'agitation « ont besoin » d'un contact avec un corps de vibration musicale rythmée qui calmera et imposera un mouvement rythmique normal au mouvement perturbé représenté par l'agitation.

(2) Les corps sociaux et individuels manifestant des états anormaux de flegme
« ont besoin » d'un contact avec un corps de vibration musicale rythmique
qui excitera *les* états de mouvement faible et imposera un mouvement
rythmique normal au mouvement sous-normal représenté par les états
flegmatiques. .

Les conclusions ci-dessus sont proposées à la suite des types d'expériences
suivants.

Expériences sur le type idéo-moteur à idéo-émotionnel.

Désireux d'essayer les effets de la musique combinés à des conférences à
caractère politique, parmi les éléments inférieurs des habitants de Coney
Island, nous avons installé une tente de 60 x 90 pieds au pied d'Ocean
Parkway, en mai 1909 ; 600 chaises, une estrade décorée, un piano à queue et
des drapeaux gais de toutes les nations ont été distribués à leurs places. Le
sujet de toutes les conférences était *le droit de vote des femmes* , un thème très
impopulaire à cette époque et particulièrement déplaisant pour un esprit de
Coney Island. La religion dominante du quartier était le catholicisme. La
première semaine a été consacrée à des conférences sur le suffrage sans
musique. Des foules remplissaient chaque nuit l'espace au sol de notre grande
tente et, dès le début, nous ressentions distinctement les murmures d'un
trouble intentionnel. Nos orateurs étaient des hommes très appréciés du
public, mais l'un d'eux a fait la malheureuse remarque suivante :

« Le catholicisme est la malédiction de la classe ouvrière. »

Puis un ouvrier s'est levé et nous a lancé des épithètes peu flatteuses pour
avoir tenté de détruire la seule bénédiction de l'ouvrier : sa foi. Une femme a
ajouté des larmes pour son Église bien-aimée, et un socialiste a ajouté de
l'huile sur la flamme en attaquant amèrement la religion en général. Avant
que nous puissions nous faire entendre, une bagarre s'est ensuivie qui a attiré
une foule nombreuse à l'extérieur. Plusieurs policiers ont finalement dispersé
le public excité. Nos chaises cassées témoignaient muet des dégâts, mais
aucune intention d'abandonner n'était envisagée. La certitude d'ennuis
sérieux pour le lendemain soir hâta l'introduction de la musique dans le
programme. Dans l'après-midi qui a suivi notre accident, la police nous a
informés que des problèmes se préparaient pour les « gens de la tente ». Avec
une certaine appréhension, nous sommes entrés dans la tente ce soir-là. Une
grande foule de « tapageurs » s'était rassemblée à huit heures. Quatre policiers
gardaient l'entrée, mais de nombreux hommes à l'air très rude se glissaient
sous les toiles sur les côtés et jetaient des regards complices à leurs
connaissances.

Nos artistes pour ce premier programme avaient été soigneusement choisis,
une soprano à la voix et à la personnalité délicates, un baryton au look génial,

un excellent «cellest», l'un de nos violonistes les plus connus et un pianiste de renommée mondiale. Nous avons tous « retenu notre souffle » en prévision de ce qui pourrait arriver. L'orateur a commencé. Immédiatement, les cris et les klaxons noyèrent sa voix. L'air était rempli d'épithètes immondes. Soudain, quelqu'un lança une pierre qui frappa l'orateur à la joue. La méchanceté de l'insulte a calmé la foule et un officier a expulsé le délinquant. Puis, en quelques mots, il a été demandé aux gens de réserver leur jugement jusqu'à la fin du programme musical.

Une performance en trio pour violon, « violoncelle » et piano a été donnée. Des chuchotements et des murmures excités se sont poursuivis tout au long de ce long morceau, mais lorsque la soprano a chanté le vieil air d'amour « Ah, fors' e lui », de « La Traviata » de Verdi, un silence soudain s'est abattu sur le public. À la fin de cet air, émouvant, mélodieux et simple dans sa construction, une tempête d'applaudissements a éclaté. Des reprises de ballades suivirent, et quand « La dernière rose de l'été » fut donnée, avec l'ajout émotionnel d'une véritable rose rouge, dont les pétales étaient éparpillés conformément au texte, les femmes pleurèrent et les hommes s'installèrent d'un air maussade sur leurs sièges. L'irritation des trois jours précédents avait été réduite à un mouvement rythmique normal, en moins d'une heure de traitement musical. La suite de cette soirée fut en tous points une réussite.

Ce n'était pas une expérience unique. Les conférences sans musique avaient toujours un effet plus excitant que celles combinées avec de la musique. Les résultats de notre combinaison étaient si certains qu'avant la fin de l'été, nous pouvions discuter de toutes « vues » avec un élément mafieux, en alternant un sujet passionnant avec une sélection musicale artistiquement rendue. À chaque étape, la musique a prouvé son pouvoir apaisant et a montré à quel point l'homme a besoin de sa mission vibratoire.

Des cas d'effets similaires de la musique sur l'agitation mentale ont été observés dans d'autres situations. Lors d'une traversée de l'Atlantique sur le vieux navire « Trava », un dangereux accident s'est produit lors d'une violente tempête. Une panique menaçait. Le copilote a murmuré à l'auteur de chanter une chanson. Elle a commencé les hymnes nationaux, invitant les passagers à montrer leur patriotisme et leur nationalité en se joignant. Le « Star Spangled Banner » a d'abord fait ressortir quelques voix, puis le « Wacht am Rhein » a gonflé le chœur ; on répondit alors à la « Marseillaise », et lorsque « Le port du vert » fit entendre un vigoureux accent irlandais, un tel rire courut dans la salle à manger qu'il brisa complètement l'état tendu et rétablit le mouvement rythmique normal du pouls.

La tension nerveuse lors des frappes a été réduite à plusieurs reprises grâce aux « bienfaits » musicaux. L'excitation dangereuse lors des réunions politiques se transformait souvent en émotivité inoffensive lors des soirées de tests d'opéras comiques du XVIIIe siècle dans l'East Side de Manhattan. La création du Working Girls Club à Brooklyn en 1912 offrait une excellente occasion de tester les effets revigorants de la musique sur les cerveaux et les corps fatigués. Cent quarante jeunes travailleuses en bonne santé des grands magasins, des bureaux de téléphonie et des usines, ont utilisé le club house dédié à leur usage et ont d'abord manifesté du plaisir et des bénéfices des cours institués. Mais bientôt une lassitude déprimante apparut, une expression « essayer d'apprendre », qui ne promettait pas grand-chose pour une application énergique. La classe de droit s'est réduite à deux membres ; le cours de chapellerie ne pouvait attirer plus de six élèves, le cours de cuisine commençait par trente-cinq et se terminait par quatre, le cours de couture ne comptait que trois élèves : le cours de sciences simples n'était pas attractif, les cours de langue commençaient bien, mais les filles étaient trop fatiguées pour étudier. Finalement, nous leur avons donné ce qu'ils voulaient et ce dont ils avaient besoin : de la musique. Quel changement dans l'attitude mentale ! Les lundis, mercredis et vendredis soirs, le chant individuel et en chœur était enseigné. Trois heures de musique balayèrent toute trace de lassitude, et les yeux pétillants et les joues roses manifestèrent à nouveau le besoin de musique. Tout au long de l'année 1912-1913, pendant douze mois, l'opéra « Martha » de Flotow fut répété, et jamais on n'eut l'occasion de se plaindre d'une faible fréquentation, d'une attention errante ou d'un manque d'intérêt. Une représentation publique fut donnée au printemps 1913 au Labor Lyceum de Brooklyn. Malgré de longues journées de travail, les filles ont fait grand honneur au travail de formation de leurs dirigeants.

En ce qui concerne les expériences individuelles, un exemple des effets étrangement normalisateurs de la musique sur des conditions nerveuses anormales nous vient à l'esprit. Une femme noble, récemment décédée, a consacré sa vie à la célébration de l'arbre de Noël de Sittig, qui offrait chaque année un festin de Noël composé de cadeaux, de bonbons, de livres et de divertissements à environ sept mille enfants pauvres de Brooklyn. Elle était si sourde qu'elle entendait avec beaucoup de difficulté, même avec l'aide d'appareils électriques. Pourtant, elle pouvait entendre des mots prononcés à voix basse, *à condition que l'orateur continue de jouer doucement sur le piano pendant la conversation* . «Je n'ai besoin d'aucune aide artificielle pour entendre un son audible par une oreille normale, alors que la musique est dans l'air», nous a-t-elle dit un jour. Une autre femme, affectée d'un tremblement continuel des mains, devint parfaitement silencieuse et normale dans son action alors qu'elle montait en calèche. A notre question sur la raison de ce phénomène, elle répondit : « Le bruit des roues du chariot se résout en des « battements » réguliers que je ne peux m'empêcher d'essayer d'imiter. Il se peut que ce ne soit là qu'une autre illustration du « besoin » d'un mouvement perturbé ou arythmique pour des « battements réguliers » ou un mouvement rythmé. Un ami à Berlin était terriblement sourd, mais il entendait pourtant le moindre murmure au téléphone. Sa normalité similaire à l'écoute de la musique, a suggéré à l'auteur de classer toutes les vibrations rythmiques coopérées produisant une *sensation continue* dans l'oreille, sous le nom de vibrations rythmiques musicales. Cela étendrait le domaine du besoin musical à de nombreux mouvements hautement actifs qui ne sont généralement pas inclus dans le terme « musique ». Les téléphones, les bruits de mouvement des chemins de fer, les gémissements des vents, les sons continus des vagues produisent en fait des résultats étrangement similaires à ceux observés dans l'application de la musique. Les gens agités sont plus calmes dans les stations balnéaires et agités dans les régions montagneuses isolées. Nous avons observé de près les types d'individus dans les stations balnéaires d'Europe et d'Amérique. Partout, le même type prévaut. C'est le tempérament très nerveux qui a besoin et recherche l'atmosphère « très tendue ». Nous avons observé des cas similaires chez des étudiants universitaires nerveux, qui étudient et mémorisent mieux dans les tramways.

Groupes idéo-émotionnels.

Dans notre expérience allemande, la musique qui suscitait la plus grande réaction semblait être celle qui imprimait des images émotionnelles dans l'esprit. Les lieder de Schuman sont de ce caractère : ils regorgent d'exemples chevaleresques, de suggestions, de symboles, de shibboleth et tendent à susciter des réactions émotionnelles. Dans les cercles familiaux, le sentiment musical est fortement exprimé. Aucun véritable Allemand ne vous permettra de rehausser votre siège au piano avec un volume de Sonates de Beethoven. Vous ne pouvez pas vous asseoir devant Beethoven dans une maison allemande fidèle.

Même dans le public des grands opéras allemands, le public persiste à manifester un amour pour ces idées musicales qui éveillent des émotions plutôt que de refroidir le jugement critique. On peut compter sur les simples Kinder Lieder pour faire ressortir les émotions, et l'amour non partagé, les malheurs romantiques d'un héros divin ou les textes délicats de ballades sentimentales sont aussi efficaces aujourd'hui qu'ils l'ont jamais été. Le public russe est encore plus sensible à l'élément émotionnel de la musique, mais son tempérament comporte en lui une forte touche d'idéomoteur.

Partout au Canada et dans l'ouest des États-Unis, la musique de type idéo-émotionnel suscite une réponse plus rapide. De vieilles ballades comme « Coming Through the Rye », « Home Sweet Home », « Annie Laurie » susciteront des applaudissements pendant les préludes, et ce n'est que dans l'environnement le plus compliqué qu'il y aura une véritable réponse aux œuvres relativement compliquées de Wagner.

Lors d'un concert test avec des Italiens travaillant la pierre à Wappingers Falls, dans l'État de New York, les Italiens qui avaient le mal du pays ont été tellement touchés par « Santa Lucia » qu'ils ont tous fermé les yeux et ont rejoint le chanteur, pleurant pendant qu'ils chantaient. Il a été signalé qu'il était dangereux pour une femme de se promener seule parmi ces hommes, mais ils nous ont chanté chanson après chanson et l'ont escortée pendant cinq miles jusqu'à la gare. [26]

Types dogmatiques-émotionnels.

La musique de l'Église grecque et la musique de l'Église catholique agissent spécialement sur les types dogmatiques et émotionnels. C'est un spectacle curieux pour les Américains que de voir des paysans et des fonctionnaires russes prier dans les gares ferroviaires devant des autels grossiers et des images hautement dorées. Les bougies, toujours allumées, suggèrent la force de ce commandement, de cette autorité, de ce dogme, de cette croyance qui pèse si lourdement sur l'esprit russe. Sous un tel fardeau, le type de musique doit entrer dans le domaine restreint de compréhension permis à ce type d'esprit. Pourtant, cette religion imposée n'agit pas plus sévèrement sur le choix de la musique en Russie que le dogmatique-émotionnel libre vu à Ocean Grove, New Jersey. Ici vous trouvez une réponse au même type musical qui a satisfait le public russe à caractère dogmatique-émotionnel. Les habitants d'Ocean Grove ne prient pas dans les gares publiques, mais aucune voiture ne circule le dimanche ; aucun chariot ne livre de marchandises le jour du sabbat, les règles qui régissent la conduite et la production musicale en Russie ne sont pas plus strictement respectées que celles qui désapprouvent les divertissements du dimanche à Ocean Grove ou dictent son approvisionnement musical. Il est étrange de constater que l'élément catholique est plus ouvert dans sa « profanation » du sabbat que l'élément protestant. Cela peut s'expliquer par le plus grand degré d'activité idéomotrice parmi les groupes catholiques, malgré la force de l'Église sur la fidélité de ses membres.

Les groupes dogmatiques-émotionnels « ont besoin » d'une musique qui corresponde à leur type, et seule cette musique réussit chez eux. De nombreuses années dans les milieux ecclésiaux nous ont prouvé le réel désir ou « besoin » d'hymnes et de chants sacrés, comme satisfaction des aspirations de ce type.

Le groupe rationaliste.

Nous arrivons maintenant à une classe de représentants relativement peu nombreux. Il présente une approche plus proche de la symétrie dans sa courbe d'équilibre mental et physique. Il répond à des stimuli faisant appel, par la connaissance, aux processus intellectuels supérieurs. Les idéaux sont plus forts que leurs manifestations physiques ; l'idée est plus importante que le modèle ; le type est moins affecté par les stimuli courants ; il s'isole dans la contemplation, dans une enquête plus calme sur ses propres réponses ; il cherche de la nourriture pour le travail mental, avec du temps pour une analyse détaillée de ce travail. Tout cela signifie un équilibre plus normal entre les périodes de mouvement intense et de repos ; cela signifie que ce type rencontre moins de risques de « perturbations » et, par conséquent, un moindre « besoin » de musique *rythmée*. L'opéra-problème le satisfera. Ayant moins besoin de rythme marqué, l'analyse de nouvelles formes musicales occupera ces esprits, indépendamment de l'absence d'effets rythmiques ou harmonieux. La petitesse du groupe rationaliste est indiquée par l'impopularité de la composition rationaliste. Les directions d'opéra produisent de nouvelles œuvres « rationalistes », mais elles compensent leurs pertes financières par des œuvres idéo-émotionnelles comme Faust, Carmen, Cavaleria Rusticana, Madame Butterfly et la plupart des œuvres préférées du répertoire lyrique populaire.

Nous voyons ainsi que si la musique est un besoin humain, c'est un besoin plus grand parmi les types idéo-moteurs et idéo-émotionnels, ou principalement parmi les classes inférieures et moyennes. Le type dogmatique-émotionnel a besoin d'une musique qui lui est propre et ne manque jamais de la produire. Le type rationaliste a aussi besoin de sa musique, parce que son rationalisme ne s'est pas encore étendu à une perfection absolue d'équilibre entre dissipation et intégration des forces corporelles, et partout où il existe une anomalie du pouls, un rythme musical est « nécessaire ». Même si cette théorie de la nécessité musicale n'était pas admise, le véritable amour de la musique constitue un besoin. Un désir aussi intense, insatisfait, ne peut être bénéfique au système humain. Que nous admettions la musique comme un élément nécessaire du plaisir humain ou comme un stimulant nécessaire au rythme humain des mouvements corporels, son « besoin » ne sera guère nié face à sa demande et à son offre constantes. La musique renforce l'énergie humaine, aide au contrôle et à l'ordre de l'esprit, élève la conception de la vie et fournit du repos aux nerfs surstimulés des communautés urbaines. En plaçant donc la musique où bon vous semble, elle fait partie de ces « meilleurs matériaux pour stocker, transmettre et transformer l'énergie » [27] et sa sage application peut conduire à des résultats surprenants, dans la conservation des facultés, désormais vouées à se dégrader sous la loi de la diminution. Retour.

L'auteur pense qu'un certain changement dans les molécules corporelles se produit à la suite d'une indulgence musicale. Le changement du pouls avant et après une performance musicale indique un effet sur la circulation. Le même temps passé à écouter une conférence montre moins de liberté par rapport aux tensions. Cela a été démontré dans les 84 expériences menées auprès de jeunes filles qui travaillent. Les 103 tests-bénéfices effectués auprès de publics révolutionnaires ont montré des effets marqués en termes de pouvoir calmant : dix années d'expérience dans les chorales d'églises ont montré la grande supériorité du service avec musique, sur le service sans musique, pour calmer les congrégations excitables et pour éveiller les flegmatiques ; quatre-vingt-onze expériences consécutives à Coney Island ont démontré que la musique peut calmer la révolte et changer l'irritation en tranquillité ; plus de trois cents études de concert en Russie et aux États-Unis ont montré une nette augmentation de la normalité de l'expression du public après une soirée de musique, et douze années d'expérience dans l'enseignement de la musique ont montré des résultats évidents dans une plus grande santé et un plus grand bonheur dans élèves, que la musique comme « besoin » humain nous paraît incontestable.

Le gouvernement fédéral des États-Unis n'est peut-être pas en mesure, en vertu de sa Constitution, d'instituer des écoles de musique, mais les États devraient commencer à accorder davantage d'attention aux écoles de musique d'État. Si le gouvernement américain est constitutionnellement incapable de maintenir des écoles nationales de musique, toute comparaison avec les gouvernements européens autorisés par leur constitution serait injuste et trompeuse. Les statistiques présentées visent simplement à montrer ce que font les différents gouvernements en matière de soutien national à la culture musicale, et aucune comparaison n'est tentée. Nos États et nos villes dépensent des sommes considérables pour la musique. L'auteur soutient cependant que les collèges musicaux d'État ne produiront pas une musique de type national et que l'idéal le plus élevé réside dans un contrôle fédéral de la culture musicale. Lorsque la musique pourra être considérée comme un besoin national et non comme une simple diversion sociale, le gouvernement fédéral pourra alors envisager de soutenir l'éducation musicale. La musique, en tant que mesure importante du contrôle social et en tant que facteur tout aussi important de la santé individuelle, relève du contrôle du chef national. Avec le faible espoir que cette place soit un jour accordée à la musique, nous vous soumettons cet ouvrage.

NOTES DE BAS DE PAGE :

[26] Un meurtre atroce avait été commis par l'un des membres de ce groupe au cours de la semaine et le surintendant de la mission nous a prévenus par télégramme d'une révolte et d'un danger graves.

[27] La « loi des rendements croissants et décroissants » du professeur Giddings s'appliquerait ici comme ailleurs.

CHAPITRE IV.
Toneurologie : une nouvelle branche d'études.

L'humanité doit alors maintenir son pouls dans un système de stimulation rythmique et de repos pour la distribution. Le meilleur moyen d'y parvenir est d'exercer davantage la nature émotionnelle et de s'adonner aux idéaux romantiques, car les émotions élèvent le pouls, entraînant les mouvements stagnants de la vie jusqu'à un rythme moyen normal. L'homme ou la nation dont le pouls est maintenu le plus constamment à la normale est l'homme ou la nation qui obtient les meilleurs résultats. Nos quatre exemples nationaux, l'Angleterre, la France, l'Allemagne et l'Italie, illustrent ces produits émotionnels. L'Allemagne est en tête par la qualité de sa production musicale (ou émotionnelle), parce qu'elle a dominé tout le siècle dans ses souffrances, préparées, pour ainsi dire, par tant d'expériences déchirantes au cours du siècle précédent. La France vient ensuite. Ses émotions nationales ont été affaiblies en éléments tragiques par l'amour du spectaculaire, par le besoin intellectuel d'images et de couleurs vives, et par l'assurance et la fierté d'une suprématie ancestrale, difficile à soumettre à l'état de tendre romance et de tragédie cardiaque. qui caractérise le tempérament fort et sentimental de l'Allemagne. Après la France vient l'Italie, émotive, poétique, joyeuse, qui fait une farce tragique parce que la vie de son siècle a produit si peu de tristesse nationale. Ce n'est que ces dernières années qu'on a commencé à sentir que le rythme mesquin de l'Allemagne peut devenir comme le rythme mesquin de n'importe quelle nation, même de l'Italie, si les profondeurs ou les mouvements sont sonores comme l'étaient ceux de l'Allemagne. L'Angleterre ferme la marche, le rythme moyen de son siècle étant bien en dessous de la limite des hautes eaux. Cela se voit dans les comédies délicates et le sentimentalisme naïf de sa musique, qui sont la juste mesure de son pouls national d'émotivité.

La musique, en tant que besoin humain, nous transporte au plus profond des secrets de la vie et ouvrira, avec le temps, la voie à une nouvelle science. La musique n'est pas le nom de cette nouvelle branche de la connaissance, car l'étude impliquerait une enquête exhaustive sur les réactions nerveuses dans leurs relations sociales et individuelles aux vibrations sonores. Nous suggérons le nom « Toneurologie » car le ton est compris dans toutes les langues modernes, et « neuros » présente le même avantage. Cette étude impliquerait des recherches dans des directions entièrement nouvelles, comme une étude des mouvements des organes corporels ; estimation mathématique de la valeur vibratoire de chaque battement d'impulsion et des sommes des vibrations sonores dans les accords, sur un instrument et sur plusieurs, comme dans un orchestre ; le taux d'augmentation ou de diminution du pouls après contact avec la force tonale, avec calcul approximatif du temps pendant lequel cette dernière peut maintenir un pouls normal, et la fréquence nécessaire de son application. L'étudiant chercheur dans cette nouvelle science doit avoir une connaissance pratique de la physique, de la biologie, de la psychologie, de la sociologie, de l'harmonie, du contrepoint, de l'histoire musicale, de l'histoire politique et de la physiologie, avec une nouvelle étude de la Volonté Humaine. Il faudrait ainsi ajouter une nouvelle science au groupe des sciences exactes et concrètes.

C'est sans hésitation que nous suggérons cette nouvelle branche d'étude. Certains éléments indiquent que les universités qui adoptent la musique dans leurs listes d'études reconnaissent la nécessité d'un contact plus étroit entre la musique et les cours scientifiques. Si la musique veut un jour dépasser ses langes de superficialité sentimentale et frivole et sa simple conception du divertissement, elle doit clairement manifester sa dignité scientifique et son lien inséparable avec la physique, la sociologie, la biologie et la psychologie. Elle doit s'inscrire parmi les études qui encouragent les tests scientifiques et la recherche permanente. Il doit laisser aux ordures son « aspect divin » jusqu'ici, au même titre que les « droits divins » des rois, de la magie, du culte des ancêtres et des théories des fantômes. Nous pensons que la toneurologie permettra de découvrir certains secrets de la préservation de la vie.

L'effet curieux de la musique sur les groupes suggère une contrepartie possible à une telle réaction sur les individus. La musique, autrefois considérée en termes de mouvement, avec des lois du mouvement également appliquées aux intégrations corporelles, le chemin s'ouvre clair et vrai.

Le fait que les hommes, malgré toutes les grandes découvertes scientifiques, durcissent et s'affaiblissent avec l'âge, tend à prouver que le corps humain n'a pas été complètement envisagé par aucun d'entre eux, ni par tous. Nous proposons ici une étude qui inclut de nombreuses sciences abstraites et concrètes mais orientée vers une nouvelle combinaison, *c'est-à-dire* le tonus et le nerf, à tester et à mesurer quantitativement selon les lois du mouvement plutôt que selon les lois de la perception et de l'appréciation. Nous sortons entièrement la musique du champ des idéaux et la plaçons au niveau des créateurs de rythme, des forces incidentes et des remplisseurs d'impulsions. Nos statistiques [28] montrent l'appréciation subconsciente de la musique comme un besoin humain par les pays représentés, et ces gouvernements montrent une plus grande proportion de troubles internes là où l'offre musicale est faible. Ce test, bien qu'indicatif, est loin d'être satisfaisant, puisqu'aucune disposition adéquate pour agir constamment sur les forces vitales n'a encore été prise.

NOTES DE BAS DE PAGE :

[28] Voir page 102.

DEUXIEME PARTIE.

LES INTERACTIONS DE LA MUSIQUE ET DE LA VIE NATIONALE.

Note introductive aux chapitres V à VII.

Les aperçus suivants des productions musicales du XIXe siècle en Italie, en Angleterre, en Allemagne, en France et aux États-Unis ont pour but de montrer avec quelle précision la profondeur et la nature des perturbations sont mesurables par la musique de chaque pays. Chaque type musical reflète le « besoin » de la nation en question et est propre au caractère de chaque agrégat humain.

Les statistiques que nous avons reçues et présentées plus loin dans cet ouvrage [29] indiquent non seulement à quel point la musique est désormais considérée dans son aspect utilitaire par différentes nations, mais montrent également la protection accordée à cette force encore mal comprise. En cette époque de culture générale, on peut supposer que le lecteur connaît les grandes lignes de l'histoire politique et économique de ces peuples. On verra que la musique de chaque nation reflète fidèlement les émotions nationales résultant des stimuli nationaux.

NOTES DE BAS DE PAGE :

[29] Les statistiques sur lesquelles sont fondées ces conclusions se trouvent aux annexes C et E .

CHAPITRE V.
ITALIE (1800-1913).

La musique nationale est le langage de l'émotion nationale. Cette dernière est le résultat et le reflet de stimuli économiques. La musique d'une période présente les caractéristiques des troubles nationaux à chaque instant de l'histoire économique.

L'Italie, soumise à des stimuli beaucoup plus légers que l'Angleterre ou l'Allemagne, n'a pas encore cessé de manifester son excitabilité de courte durée, son amour de la beauté purement sensuelle, qui montre que les anciens troubles intenses de ses profondeurs réelles n'ont pas changé. été répété ces derniers temps.

La période de 1800 à 1848 présente un état mental peu perturbé, l'esprit social italien ne s'étant pas encore réveillé de sa soumission et de son inaction du XVIIIe siècle. Il sera intéressant d'analyser les émotions de cette période et leur expression dans la musique.

La tragédie était-elle le facteur dominant de la vie économique ? Non. La pression sociale de cette période était légère, voire joyeuse, avec la légèreté d'une jouissance paresseuse dans un esprit peu ambitieux. La curiosité était éveillée mais elle en était à son stade d'émerveillement, agissant lentement sur les allusions reçues du cynisme de la France, de la puissance des idées ouvrières de l'Angleterre et du manque de respect pour l'autorité papale venant de l'Allemagne. Comme un miroir reflétant les émotions vives mais superficielles produites par ces stimuli, les œuvres musicales de Rossini constituaient les soupapes émotionnelles du public. Le « Barbiere di Sevilla », avec son humour sorcier, sa satire délicate, ses allusions politiques et ses portraits de la vie de la nation, était une source constante de ravissement pour la pensée italienne irréfléchie. L'habileté de Rossini dans l'opéra-bouffe était remarquable. Pour le parti de la foi catholique, il composa son « Stabat Mater », tout aussi beau, mais décrivant, même dans ces soupapes émotionnelles plus sérieuses, ces moules superficiels dans lesquels la pensée publique était coulée. Les œuvres de Donizetti n'étaient pas moins envoûtantes et non moins triviales, tandis que le caractère doux et sentimental du génie de Bellini trouvait un écho dans tous les idéaux italiens. La passion dramatique ne manquait pas dans « Norma », mais l'atmosphère même de cet aperçu de la profondeur future de l'émotivité italienne n'était jamais tout à fait exempte des traits faibles de l'école de Bellini. L'opéra exigeait un vocalisme extraordinaire, et la démonstration de la technique vocale était remarquable. Cela n'était cependant pas déplacé dans l'opéra comique, où la profondeur des sentiments n'atteignait jamais le spectacle ridicule et moderne de chagrins brisés vocalisés, de meurtres mélodieux et de halètements mortels sur des tonalités assignées. Les orchestrations surchargées des opéras d'aujourd'hui, le hurlement insensé d'une seule voix au-dessus des vibrations combinées d'une centaine d'instruments actifs ou plus, l'idée absurde d'une profonde passion *vocale* , n'avaient pas encore déformé l'idée originale de l'opéra, qui habitait encore dans le véritable domaine de son efficacité, à savoir celui de la présentation du beau, du gai, du pathétique, du comique. La suprématie de la voix humaine comme véhicule d'expression n'était en rien mise en danger par le goût anormal de notre époque. Vers le milieu du XIXe siècle, alors que l'esprit de l'époque s'intensifiait, les opéras de nature plus sérieuse retenaient leur part d'attention du public. La « Lucrezia Borgia » de Donizetti fut présentée en 1844, après plusieurs autres de couleur dramatique, parmi lesquelles « Guillaume Tell » et « Othello » de Rossini étaient des œuvres d'une réelle puissance dramatique.

Depuis plusieurs siècles, l'État exerçait un contrôle sur l'enseignement musical en Italie. À Rome, dès les premiers jours, des institutions musicales existaient. La musique était considérée comme une nécessité plutôt que comme un luxe. Telle sera l'attitude adoptée à l'égard de la musique dans le futur, lorsque les psychologues et les sociologues auront étudié plus profondément les relations entre le rythme créé artificiellement et le rythme corporel, ainsi que la nécessité de rétablir un rythme corporel perturbé, se manifestant par un pouls anormal. lors d'états d'esprit émotionnels.

Au XVIIIe siècle, chacune des grandes villes d'Italie possédait son propre opéra et on ne peut estimer dans quelle mesure ces soupapes d'émotion ont contribué à l'asservissement facile du peuple.

Si la musique était aujourd'hui bannie de l'un des pays civilisés, l'anarchie pourrait en résulter très prochainement. Qui peut dire que la licence frénétique qui suivit la suppression par Cromwell de l'indulgence musicale n'était pas due en partie à la fermeture des soupapes émotionnelles de l'Angleterre ?

L'engouement actuel pour les danses d'action violentes, représentées par le trot de dinde et le tango, est, de l'avis de l'auteur, une expression naturelle du besoin humain d'un rythme prononcé. Il s'agit d'un effort subconscient visant à combler le manque de stimulation rythmique prononcée dans la vie économique. La tendance tardive dans la composition musicale s'est également éloignée du vieil accent rythmique et s'est orientée vers des harmonies perturbées et un manque de mélodies reposantes. Ainsi, les nerfs surstimulés de l'humanité ont été exposés à une anomalie incontrôlée de leurs mouvements. Les danses mentionnées ci-dessus remédient en partie à ce défaut de l'action corporelle et rétablissent un équilibre relatif : d'où l'engouement pour cette forme de divertissement. Notez cependant que les gens ne participeront pas un seul instant à aucune de ces danses, *sans la musique*. Le mouvement seul n'est pas une nécessité ; la musique est le facteur principal, dont le rythme est simplement accentué et accentué par les mouvements. Ces danses pourraient sauver la raison d'innombrables milliers de personnes. Pourquoi alors proposer d'interdire ce besoin humain ? Si ces formes de danse ne sont pas désirables, alors balayez les abominations musicales actuelles et mettez la mélodie et, surtout, *le rythme marqué* à la portée des masses.

Nous allons maintenant reprendre le fil de la vie musicale italienne en 1848, lorsque la pression sociale prenait une teinte plus sombre, aiguë même dans ses terreurs éphémères, comme il sied au tempérament italien. Ce tempérament, contrairement à celui de l'Allemagne dans des conditions tragiques, doit soit mourir de désespoir, soit se rétablir rapidement. C'est toujours de courtes séquences entre sanglots et plaisanteries, toujours des moments enflammés et des demi-heures joyeuses, toujours enfantin dans l'âme, mais merveilleusement doué, amoureux de la beauté et sentimental. L'Italie ne connaîtra peut-être pas une « guerre de Trente Ans », mais avec l'inspiration des dirigeants de droite, elle pourrait créer une nouvelle République romaine, sous l'impulsion puissante d'élans d'enthousiasme souvent soulagés.

Les années difficiles de 1848 à 1860 ont suffisamment éveillé l'esprit italien pour produire beaucoup de choses qui se sont depuis développées à l'honneur du pays. Un ton plus profond avait été donné aux idéaux italiens, mais pas suffisamment profond pour révolutionner complètement le goût de la nation pour ces anciennes formes de musique, qui font si essentiellement partie de la race mélodique.

La tragédie persistait dans l'esprit du public et Verdi dépeint ces années sombres dans les opéras « Rigoletto » (1851), « La Traviata » (1853), « Il Trovatore » (1853) et « Aïda » (1871). Verdi était l'idole du peuple, parce que son génie s'adaptait aux conditions de son temps, illustrant la théorie de la présente recherche.

L'ignorance des Italiens, patriciens comme paysans, a rendu le fonctionnement des grandes œuvres littéraires italiennes du XIXe siècle impuissant en tant que stimuli productif de réactions nationales et contemporaines. Mais dernièrement, une nouvelle impulsion pédagogique a été donnée par la création de l'école publique. Il est certain que cela augmentera considérablement les produits de stimuli dans le système nerveux italien, et le besoin italien d'une complexité correspondante dans sa musique se manifeste déjà maintenant.

Avec l'installation de moyens de transport vers le nouveau monde, un nouvel élan, quelque peu romantique, a été donné au peuple italien. Les lettres de parents absents reflètent l'actualité mondiale et élargissent les mentalités de villages entiers. En outre, les chemins de fer ont ouvert de nouvelles relations entre les différentes parties de l'Italie, et le télégraphe, l'éclairage électrique, les nouvelles inventions domestiques, les occupations industrielles, les usines, etc., chacun à son tour – ou parfois tous ensemble – ont perturbé le rythme corporel en une stimulation accrue, de sorte que les revendications tardives de réalisme en France et en Allemagne trouvèrent effectivement un écho partiel en Italie, dans « La Cavalleria Rusticana » de Mascagni, un opéra spectaculaire mais peu profond, qui suscita un enthousiasme étonnant par sa présentation caractéristique de formes familières. Celles-ci étaient nouvelles dans leur couleur réaliste, mais anciennes dans la vie italienne, et elles représentaient dans leur action dramatique le goût plus fort du jour. Puccini a reflété les stimuli encore plus profonds de son époque, dans ses « Manon Lescaut » (1893), « La Bohème » (1896), « La Tosca » (1900) et « Madame Butterfly » (1904), cette dernière étant incohérente dans son mélange. de tragédie avec une douce mélodie italienne, car même Puccini ne parvient pas à écarter la mélodie caractéristique de sa race, dans sa recherche trop évidente d'effets discordants, qui représentent cependant involontairement les éléments discordants de la civilisation moderne de l'Italie.

Ces travaux montrent que l'Italie s'est réveillée de son sommeil paresseux sous la domination étrangère et qu'elle commence maintenant à ressentir l'agitation de perturbations économiques plus vastes, dans les profondeurs de l'esprit social, déjà si profondément agité et si actif en France et en Allemagne. .

Le soin apporté aux besoins musicaux de l'Italie par ses autorités centrales est montré plus loin dans ce livre. [30]

NOTES DE BAS DE PAGE :

[30] Voir les annexes C et E .

CHAPITRE VI.
ANGLETERRE (1800-1913).

L'histoire de l'Angleterre au XIXe siècle ne présente que peu de perturbations intérieures, selon des lignes calculées de manière à émouvoir les profondeurs mentales et à produire des formes compliquées de rétablissement du rythme musical. Les troubles ouvriers harcelèrent la pensée nationale de leur manière superficielle habituelle, provoquant rarement une perte de sommeil ou des troubles de l'appétit, et les nombreuses réformes dans l'intérêt du commerce n'affectèrent que lentement les profondeurs de l'émotivité. Il a toujours été un fait remarquable que les calamités impersonnelles ou lointaines n'excitent que peu les émotions nationales. Les gens lisent et commentent le massacre des femmes et des enfants, tout en savourant avec plaisir un bon dîner. Le fait est que les émotions ne sont pas facilement suscitées par des stimuli distants et que les gens réagissent également avec une force toujours décroissante aux stimuli présents immuables.

Les agitations ouvrières actuelles ont déjà dépassé les limites de la légère stimulation et deviennent rapidement des forces émotionnelles qui, de toute évidence, se dirigent tête baissée vers un changement de gouvernement. Le capitalisme a suivi son cours d'oppression et, dans un avenir proche, une agitation véritablement déchirante se prépare, qui, si on la laisse ouvrir les veines de la nation, produira les stimuli qui finiront par doter la musique anglaise d'une richesse et d'une profondeur. , supérieur à celui de tout autre pays. Les émotions britanniques ont été profondément endormies par deux siècles de légers stimuli émotionnels, mais quand elles tendent leurs forces pour agir, alors on peut effectivement trembler pour les anciens systèmes de gouvernement anglais ; et alors aussi les grands triomphes musicaux de la Belgique et de l'Allemagne pourront être dépassés. Compte tenu de l'attitude mentale de la communauté britannique au XIXe siècle et aujourd'hui, il fallait s'attendre à ce que la « Lurline » de Balfe représente le besoin rythmique de la nation jusqu'en 1870, et que les œuvres musicales de Benedict (« The Lily » de Killarney », et les oratorios de « St. Peter » et « St. Cecilia »), auraient dû trouver une appréciation populaire jusqu'en 1885. Mais le compositeur qui illustre le mieux l'activité caractéristique de l'Angleterre, celle de la colonisation, son caractère militaire et politique aspects, l'attitude pure et religieuse du règne de Victoria et les caractéristiques générales légèrement inquiétantes des stimuli économiques du XIXe siècle, étaient Sir Arthur Sullivan dans ses charmantes œuvres, « Le Mikado », « Pinafore », « Les Pirates de Penzance », « Patience », « Le Yeoman de la Garde », « Iolanthe » et « Le Sorcier ». L'Angleterre a fait beaucoup au cours de ce siècle pour faire progresser la culture musicale à l'intérieur de ses frontières. Le chef royal était le patron d'institutions telles que la Royal Academy of South Kensington, le Royal College of Music, la Guildhall School of Music et le Trinity College.

Ceux-ci sont en général soutenus par des subventions gouvernementales, des dons et des mécènes abonnés. [31] La foi nationale s'exprime encore fortement dans la culture extensive de l'oratorio, tandis que l'idéal laïc n'est pas encore devenu suffisamment anormal pour encourager véritablement la musique des écoles françaises et allemandes actuelles. C'est probablement parce que les émotions de l'Angleterre n'ont pas besoin de telles représentations, puisqu'elles se reflètent encore adéquatement dans les œuvres plus légères du génie italien, telles qu'exprimées par Verdi [32] et dans ses propres opéras légers. Il semble plus qu'une coïncidence si la musique d'un pays reflète si merveilleusement le caractère des stimuli économiques de son époque, comme le fait celle de la Grande-Bretagne.

La lettre du Board of Education de Whitehall, Londres, montre que l'Angleterre se soucie véritablement du développement de la culture musicale dans son royaume. [33]

NOTES DE BAS DE PAGE :

[31] « American History and Encyclopedia of Music », volume sur la musique étrangère, p. 206.

[32] Nous ne tenons pas compte de son « Falstaff ».

[33] Voir l'annexe E.

CHAPITRE VII.
ALLEMAGNE (1800-1913).

Le monde d'aujourd'hui perçoit encore dans la musique allemande l'intensité des émotions allemandes suscitées aux XVIIe et XVIIIe siècles.

Voyons si l'émotivité tragique de l'Allemagne a produit son image dans la musique, fournissant ainsi sagement un exutoire à l'énergie révolutionnaire, et en même temps brandissant une baguette puissante et tranquillisante sur une inquiétude croissante de l'esprit. Voyons si les grandes profondeurs tragiques de la vie émotionnelle par lesquelles l'Allemagne a traversé, pendant au moins les deux tiers du XIXe siècle, confortent notre thèse en ayant abouti à la création d'une Musique profonde et tragique, avec l'harmonie révolutionnaire à son sommet. .

Le génie de Ludwig von Beethoven fut tel qu'il influença grandement toute la musique du XIXe siècle. Il régnait en maître dans le domaine de la symphonie et de la sonate, où la composition digne trouvait ses formes musicales les plus appropriées. Le public, à la fin du XVIIIe siècle, soutenait activement son propre marché musical par le biais de maisons d'édition et de concerts publics, de sorte que le patronage exclusif de la noblesse pouvait être largement dispensé par les compositeurs, à leur infini avantage, en rendant possible une expression psychique plus large dans leurs œuvres et dans la production de musique de couleur nationale plus prononcée. Des pensions étaient toujours accordées aux compositeurs de renom, mais elles ne les limitaient pas aussi complètement qu'auparavant. Que l'Allemagne, à cette époque, ait pu produire un caractère aussi simple et noble, comme le montre la vie de Beethoven, suggère les stimuli religieux qui ont agi sur ses parents. Toutes ses premières œuvres témoignent de cette chaste adhésion aux idéaux établis en musique. De belles profondeurs se révèlent partout, et un sérieux solennel imprègne ses productions les plus légères. Nous aimons et vénérons Beethoven, ressentant inconsciemment une influence forte, pure et noble qui s'éveillait dans l'esprit allemand. [34]

Les premières années du XIXe siècle amènent, avec leurs troubles politiques, le goût des vieilles ballades chevaleresques. C'est ce qui s'est produit avec les « Lieder », qui décrivent si fidèlement l'intrépidité naissante du peuple, magnifiquement exprimée dans le génie de Franz Schubert. A cette époque, la position sociale de la noblesse était aussi précaire que l'était la paix politique de toute l'Europe. La montée de la voix du peuple s'est manifestée par l'importance accordée à la « chanson populaire ». Une grande importance est désormais accordée aux textes eux-mêmes de ces chants, soumettant ainsi à nouveau la musique à la poésie, à la parole populaire, contrairement à ce qui était la règle au XVIIIe siècle, où les textes ne signifiaient rien pour l'aristocratie à la tête vide et aux sonorités sensuelles. et une technique déconcertante dominait. Pourtant le rythme reste toujours marqué, et les airs sont toujours pleins de suggestions sentimentales. La chanson n'est pas le véhicule d'une émotion intense et, en effet, à cette époque, l'émotion n'avait pas encore atteint un point d'intensité dans la vie économique allemande. Les grandes possibilités émotionnelles de l'Allemagne étaient encore maîtrisées par les petites puissances, et le « Lied » exprimait suffisamment la pression sociale de l'époque, où le peuple ne se souciait pas beaucoup de savoir qui le dirigeait, tant qu'il y avait suffisamment à manger, et aussi longtemps car la bonne bière accompagnait leur gaieté. La tragédie était à l'œuvre, mais elle n'avait pas encore enfoncé ses griffes dans les profondeurs de l'émotion allemande. L'heure n'était pas aux opéras dramatiques profonds. Le goût dominant recherchait la qualité romantique suggérée par les héros de guerre de type napoléonien. Le triomphe presque constant de Napoléon a embelli sa réputation avec des attributs divins et impossibles. Finalement, son influence romantique et sa triste fin ont réveillé des échos de chevalerie ancienne dans les pensées tissées autour de son nom. En fait, les œuvres de Schubert ne furent pas publiées avant 1821, car le musicien allemand était encore dominé par l'école italienne. La période perturbée qui a précédé cette date a été improductive de nationalisme sous quelque forme que ce soit. La couleur mentale de 1821 était essentiellement lyrique et les chansons de Schubert trouvèrent dès cette date la bonne note dans l'opinion publique. De nouvelles formes surgissaient de toutes parts. Les thèmes classiques avaient fait leur temps. Schiller et Goethe avaient inspiré de nouveaux idéaux à l'art et à la littérature. Carl von Weber a exposé de nouvelles méthodes à son époque marquant l'opéra allemand « Der Freischutz », en 1821. Cet opéra sonna le glas du règne de la musique italienne en Allemagne. Dans cette œuvre, von Weber a osé décrire la vie réelle du peuple allemand et donner une place importante à la chanson populaire, bien qu'il ait affaibli la présentation par l'introduction d'effets surnaturels.

Notez l'esprit du public dans ce succès ! L'Allemagne voulait que ses propres textes, sa propre vie, son propre style soient représentés dans la musique dont elle devait profiter. Quand les Allemands avaient-ils jamais osé montrer une tendance aussi étrange ? Vint ensuite l'opéra « héroïque », avec son intrigue idiote, son invention musicale soutenue, sa nouvelle méthode de traitement du récitatif comme partie intégrante de la mélodie et sa plus grande richesse d'effets orchestraux, dans lesquels on aperçoit les premières touches d'un véritable traitement instrumental dramatique. Von Weber était le mât de l'étendard de Wagner et son génie est le reflet fidèle de la pression sociale de l'Allemagne. Jusqu'en 1859, Spohr exerça une influence sérieuse et digne sur l'art du violon allemand, mais ses œuvres les plus lourdes n'atteignirent pas l'importance de celle de von Weber, qui avait véritablement illustré la tendance mentale de l'époque. Dans des œuvres d'une grande beauté et d'une grande valeur, Kreutzer, Lortzing et Nicolai ont représenté différentes phases de cet esprit social.

Robert Schumann n'a contribué aux besoins réels du peuple qu'en 1840-1841, lorsqu'il a produit un grand nombre de chansons exquises. Ses œuvres pour piano présentent cependant plus d'originalité, plus de force et de profondeur ; ils indiquent une plus grande maîtrise de l'idéal classique, montrent des effets d'accords étendus et présentent une largeur d'idée. Une nouveauté ici était l'accent syncopé. [35] Ce fut le début de cette rupture de l'effet rythmique qui, à notre avis, a non seulement été préjudiciable aux résultats bénéfiques de la musique en tant que rétablisseur de rythme, mais qui a également été le précurseur de notre « américain » engouement » pour la musique « ragtime ». Il s'agissait d'un effet "désordonné", et venu d'un esprit "désordonné", car le pauvre Schumann mourut fou à Bonn en 1856. Schumann, plus que tout autre compositeur de son temps, associait les stimuli économiques aux L'émotivité et les titres qu'il a donnés à ses œuvres pour piano ont révélé sa conviction que la musique pouvait être amenée à exprimer des conceptions précises. Schumann a non seulement ressenti le besoin d'œuvres rythmiques, mais il les a également produites, et la richesse de son harmonie est plus prononcée que celle de Schubert. Pourtant, même Schumann n'a pas sondé la profondeur de la tragédie allemande, car la pression sociale n'était pas encore chargée de stimuli tragiques. Le siècle n'avait pas encore déchiré le cœur allemand. Elle était toujours soumise, bien qu'elle réfléchisse avec crainte à ses possibilités, et elle n'avait pas encore été éveillée à une fureur active en faveur de l'unité nationale. La tragédie seule pourrait ébranler complètement ces profondeurs teutoniques tant éprouvées. L'intérêt manifesté par Schumann pour la revue musicale « Die Neue Zeitschrift für Musik » a prouvé que la croissance des connaissances musicales dans la culture publique suivait le rythme de la complexité croissante de la vie économique et de l'intensité croissante de ses influences génératrices d'émotions. Aussi compliquées que les forces qui parviennent à susciter les émotions nationales, sont les constructions musicales contemporaines de ces forces. Mendelssohn reflétait le sentiment réactionnaire d'une partie de la pensée publique, mais il ne dominait pas dans son domaine comme le faisaient von Weber et Schumann. Bach et Händel ont influencé son œuvre et lui ont conféré la beauté principale évidente dans ses nombreuses et charmantes productions. Sa propre vie d'aisance et de richesse l'empêchait d'être soumis à ces expériences déchirantes, si nécessaires au sol du génie. Pour ces raisons, il ne peut représenter qu'une certaine phase de tout cet esprit social, qui a trouvé son reflet complet chez Schumann. Avant 1849, il est significatif que la valse et l'opérette aient commencé leur existence superficielle mais nécessaire dans la vie allemande. Le progrès et la prospérité avaient donné au peuple une sorte de capacité de jouissance insouciante et une tendance à la lenteur malsaine du pouls national. Mais il faut remarquer que le public exigeait le rythme le plus prononcé comme moyen de communiquer au corps une *excitation* d'un degré plus élevé de mouvement rythmique. Cela a été parfaitement fourni dans la valse. Était-ce le premier pas en arrière vers les exercices rythmiques grecs ? La danse est aussi vieille que la vie humaine, mais la valse est particulièrement sensuelle et suavement rythmée, et son développement par Johann Strauss est intervenu à un moment extraordinairement réceptif du désir social. Il faut tenter de placer sa propre conscience dans le corps imaginaire d'une personne vivant à cette époque, pour ressentir le besoin de la valse. Comme notre époque est assez proche de celle d'avant 1848, l' exploit n'est peut-être pas impossible. Le jeune Strauss reflétait parfaitement la période de repos qui suivit l'unification des Allemands.

Mais Richard Wagner marque le point culminant de la pression sociale allemande. Ce maître n'a en aucune manière mis en échec notre thèse, même dans ses premiers travaux, qui étaient aussi conservateurs que tous les autres de l'époque. Jusqu'en 1842, sa vie fut instable et sa carrière douteuse. « Rienzi », donné à Dresde cette année-là, connut un grand succès et, en 1843, « Fliegende Hollender » montra la première adoption positive d' *idées révolutionnaires* en musique, bien que « Rienzi » contienne quelques références significatives à la liberté et au pouvoir de la musique. les gens. Wagner avait certainement les convictions radicales de l'époque, et ses œuvres ultérieures ont sans aucun doute été inspirées par les stimuli stimulants de la pression sociale alors existante. En 1850, « Lohengrin » fut produit avec un grand succès. De nombreuses épreuves tourmentèrent l'esprit de Wagner jusqu'en 1861, date à laquelle son « Tannhäuser » fut produit à Paris au milieu des hurlements de foules radicales qui le contraignirent littéralement à l'échec. Pendant tout ce temps, ses opéras faisaient partie du répertoire lyrique allemand, mais ses plus grandes réussites en matière de révolution musicale n'étaient pas encore ressenties. L'humiliation et la pauvreté, la méchanceté et l'inimitié active l'assaillirent sur tous les points. Mais courageusement et provocant, *reflétant fidèlement le tempérament allemand de cette période* , il réussit à gagner le patronage du roi Louis II de Bavière et, en 1865, « Tristan » fut produit. C'était une œuvre qui *bouleversait complètement la structure traditionnelle des idéaux de l'opéra* et permettait à ses ennemis de le priver du refuge espéré en la faveur du roi. Mais en 1868, « Die Meistersänger » fut joué à Munich. Cette œuvre présentait un véritable plaidoyer pour *une plus grande liberté* dans la création artistique et exhibait une perfection du traitement musical, alliée à *des innovations audacieuses* , qui constituent encore aujourd'hui un charme durable. Après de nombreux malheurs, mais conscient que ses œuvres avaient établi l'opéra allemand sur une base nouvelle et idéale, Wagner réalisa ses rêves en produisant « L'Anneau du Nibelungen » dans son propre théâtre à Bayreuth, en août 1876. Notez comment dans le temps, l'apogée de Wagner, dans son activité de *musique révolutionnaire* , et le triomphe de l'Allemagne unie sur les puissances dédaigneuses de l'Europe ! À la même époque (1876), nous voyons Wagner s'établir comme dictateur émotionnel allemand et la solidarité allemande dans la suprématie établie de la Prusse. A cette époque également, après une période des plus pénibles de guerres sanglantes et de torture mentale, toute l'Europe était dans une paix relative. Notre thèse ne tient-elle pas ?

Or, dans les années de progrès et de paix de 1876 à 1882, qu'arrive-t-il à l'esprit de Wagner, alors que nous le voyons enfin libéré du labeur, de la pauvreté, de l'inimitié et de l'humiliation ? La même chose est arrivée à l'esprit social sous l'influence suave d'un gouvernement constitutionnel, dirigé par un roi sage et bon. Les stimuli sont devenus plus doux, et l'esprit social est devenu plus compliqué dans ses perceptions sensorielles, plus sentimental, avec une expression dramatique moins colorée par les conflits terrestres et le sang, plus raffinée par les habitudes spirituelles et intellectuelles, et voilà ! en 1882, « Parsifal » marque la dernière production du puissant Wagner. Cette œuvre présente un recul marqué par rapport aux normes qu'il avait créées en matière de spontanéité et de développement thématique. Le fait et la cause sont clairs. La cause de ce « déclin » réside dans l'absence de stimuli économiques profondément stimulants, dans la pression sociale des années calmes pendant lesquelles ce travail était en préparation. Laissons les faits historiques parler d'eux-mêmes. Le jour viendra assurément où les sociologues et les psychologues reconnaîtront comme un phénomène scientifique, et admettant une mesure psychiatrique quantitative, la relation entre les troubles nerveux sociaux dans l'émotion et la tranquillisation sociale dans la musique, avec ses innombrables millions de vibrations qui frappent les nerfs. , et agissent d'une manière désormais apparemment mystérieuse sur la vie d'un groupe.

Avec la mort de Wagner, l'attention se porte en Allemagne sur la montagne des réalisations émotionnelles. Brahms, Strauss, Bruch, Bruchner et d'autres compositeurs récents s'accrochent tous à la robe de Wagner. Ici et là, ces compositeurs tentèrent des modifications qui déformèrent son idée, mais ne réussirent qu'à représenter les stimuli intellectuels plus doux qui régissaient désormais la pensée allemande.

NOTES DE BAS DE PAGE :

[34] Même Beethoven illustre l'idée progressiste de l'époque, dans l'évolution de la libre initiative sous de nouvelles formes, exposée dans ses symphonies, qui sont des étapes progressives vers une plus grande liberté de traitement, depuis le début jusqu'à l'introduction révolutionnaire des chœurs dans le neuvième.

CHAPITRE VIII.
FRANCE (1800-1913).

La France, en tant que nation la plus progressiste, présente un système musical splendide et un bon produit correspondant de culture musicale. L'esprit national français est particulièrement sensible à la pression sociale moderne. Que cette pression soit soulagée par le rythme musical et la France avancera sur la voie musicale comme elle l'a fait dans tant d'autres domaines. En dépenses d'argent, elle est élevée, mais ces dépenses se font en grande partie à Paris. La culture dans un État doit être considérée par rapport à l'ensemble de ses habitants, et si la France affiche une dépense absolue importante, sa dépense *par habitant* est relativement faible. Ces dépenses sont cependant indépendantes des dons privés, qui n'ont pas leur place dans le contrôle de l'État et qui sont au détriment plutôt qu'au bénéfice du grand public, car ils représentent un contrôle exercé par les « modes » princières d'une classe dirigeante. . Le génie musical national s'exprime dans la mesure dans laquelle les émotions nationales sont suscitées par des stimuli nationaux. Si la France avait réagi à sa pression sociale de la même manière que l'Allemagne, avec pratiquement les mêmes stimuli, notre histoire aurait pu se terminer à juste titre avec le triomphe de l'Allemagne. Mais la France avait reçu une préparation mentale tout à fait différente de celle qui torturait le cœur allemand au XVIIIe siècle, et la nature de l'émotivité française était à la fois bien moins sincèrement tragique et bien plus intellectuelle à chaque étape que celle de l'Allemagne. Le peuple français était certes soumis à une véritable misère avant la chute de la monarchie, mais il était toujours paré de la gloire d'une nation conquérante, d'une puissance dirigeante, consciente de sa propre suprématie dans les affaires européennes, même si la paysannerie était écrasée. à bas les impôts, et faits pour être les partisans surchargés d'une royauté vicieuse ; Pourtant, le ton de l'esprit public, quoique quelque peu critique, était surtout dominateur et capable d'un grand enthousiasme. La libre pensée était encore dans la fraîcheur de la jeunesse, de sorte que les oppressions, au fur et à mesure qu'elles se produisaient, étaient analysées et dénoncées même lorsqu'elles étaient endurées. L'Allemagne n'avait jamais pensé à faire cela avant 1848. Les troubles de la France étaient une conséquence directe des désirs du peuple et n'étaient pas tant provoqués par des forces extérieures qu'ils étaient volontairement rencontrés et même créés par eux-mêmes. dans leur développement conscient d'une nouvelle idée de gouvernement populaire. La France voulait accomplir de grandes et nouvelles actions avant d'être mentalement prête à de telles réalisations, et ses épreuves étaient de sa propre initiative. Ce fait ne diminue pas sa réponse émotionnelle à la pression sociale, mais il la colore d'un certain contrôle même dans son action la plus profonde. Ainsi en fut-il de la France, Napoléon drainant son sol de son meilleur sang, mais couronnant la nation de lauriers. L'esprit philosophique suscité par le génie de Voltaire ne faiblit pas même sous cette gloire, et l'esprit français, quoique lassé par la révolution, ne s'arrêta qu'un instant aux réactions sous Napoléon. La République imprudente n'était que le premier signe du nouveau tempérament national et, bien que toute l'Europe se soit unie pour le maîtriser et que l'Empire de Napoléon l'ait momentanément apaisé en encourageant toutes les formes de progrès, l'esprit national avait goûté à la liberté et à l'ancien la tolérance de la royauté était en train de mourir. Durant les quatorze années de son règne, Napoléon accorda des avantages substantiels à la France. L'Europe continentale se courbait à ses pieds. Même si le peuple français détestait la vieille idée de la monarchie, il ne pouvait nier les avantages que la France recevait de son puissant génie. Sa mort en 1821 laisse dans une mauvaise passe ses anciens sujets, le peuple en lutte pour un gouvernement constitutionnel, contre les alliés partisans de l'absolutisme. Mais peu à peu, certaines avancées furent réalisées par le peuple, dans une affirmation progressive de ses opinions. La révolution fut une menace constante dans la pression sociale du demi-siècle qui suivit la chute de Napoléon.

Le fanatisme rebelle qui sous-tend chacune des manifestations civilisées portera certainement de nouveaux coups stupéfiants au commercialisme de notre époque. Nous avons l'impression que la terreur et ses causes religieuses se cachent aujourd'hui très près de la surface de la politique mondiale.

À bien des égards, la France n'a pas perdu son ancien ascendant en matière de leadership, mais sa discipline a peut-être été trop faible pour faire preuve d'une persévérance obstinée. Ses actions ont peut-être été gouvernées dans son pays et dans ses efforts de colonisation par une politique trop fataliste, pour donner de fortes promesses d'un établissement continu du pouvoir sous la domination du peuple. Il y a pourtant beaucoup à attendre du courage audacieux, de l'enthousiasme et de la splendeur intellectuelle de l'esprit français.

Le pays tout entier offre un étrange contraste avec la réaction sociale allemande, car sous les mêmes stimuli, l'un pleure tandis que l'autre riait. Durant les quarante premières années du XIXe siècle, le pianiste virtuose, avec ses fioritures superficielles dans la technique des doigts, régnait en maître sur la musique instrumentale en France. La sonate, si représentative de la dignité et du noble sentiment, ne reçut qu'une place obscure durant cette période superficielle, et la courte pièce pour piano prit sa place. D'un autre côté, les interprètes ont stimulé l'amélioration de la fabrication des pianos ainsi que la composition d'œuvres pour piano. Liszt et Thalberg éblouirent les Parisiens, et l'esprit public n'exigeait pas d'expression plus profonde de son trouble émotionnel que celle représentée par une démonstration pianistique. Après 1831, Chopin vécut à Paris et ses œuvres continuèrent d'exprimer l'amour des Français pour la danse, les ornements et la sentimentalité délicate. Mais en 1830, le mouvement romantique s'était fait sentir dans la Musique sous la direction de Berlioz, qui produisait une Musique qui convenait parfaitement aux tendances révolutionnaires impétueuses de l'époque. L'orchestration a atteint une couleur de ton, une nouvelle possibilité technique sous la manipulation de Berlioz, et les aspects bizarres de la vie économique de l'époque se reflétaient exactement dans ses *effets révolutionnaires* . Son livre sur l'instrumentation, publié en 1844, est devenu une autorité et il a incité les musiciens à tenter de nouvelles formes, même si celles-ci pouvaient être opposées aux traditions classiques. Berlioz souhaitait inventer d'étonnants effets instrumentaux, et il l'a fait, mais ses efforts ne lui ont pas valu une popularité durable, bien qu'il soit le véritable fondateur de la musique française moderne.

Mais c'est dans le domaine du grand opéra qu'il faut chercher ces reflets étonnamment précis de la pression économique et sociale, comme en témoigne la Musique de France au XIXe siècle. Cherubini a apporté une contribution musicale sérieuse à l'opéra seria français, mais il présente de fortes influences de modèles étrangers. Napoléon n'encourageait que les opéras italiens les plus triviaux ; son attitude était naturellement défavorable à des tentatives sérieuses dans ce domaine. L'opéra-comique commença à prendre des couleurs dramatiques sous Mehul mais il restait à Spontini de refléter le régime napoléonien, dans un opéra qui glorifiait l'héroïque dans toute sa splendeur. Ses œuvres françaises "La Vestale" (1807), "Fernando Cortez" (1809) et "Olympie" (1819), reflètent l'attitude mentale de l'époque, mais fidèles à cette réflexion, montrent également le manque de réelle profondeur des émotions. pas encore touché en France par la pression sociale de l'époque. L'opéra-comique représente plus fidèlement le sentiment public dans les œuvres de Boildieu, dans « Le Calife de Bagdad » et « La Dame Blanche », qui manifestent un ton plus sérieux et plus raffiné qu'on ne l'avait encore connu dans ce domaine. Mais Auber savait le mieux comment susciter l'admiration des Français. Sa renommée a commencé vers 1820, lorsque les idéaux commençaient à être teintés d'une teinte plus sombre de sérieux, et ses « Fra Diavolo » et « Le Domino Noir » témoignent de son don fin de caractérisation. « Zampa » de Herold présentait de nouveaux éléments orchestraux et est toujours très populaire en Amérique et en Angleterre. Le grand opéra au caractère héroïque reçut une forte impulsion de la part de Rossini (qui vécut à Paris après 1824), dans son œuvre française « Guillaume Tell » (produite en 1829). L'expression dramatique trouve ici une certaine ampleur, quoique sans grande profondeur, et « La Muette de Portici » d'Auber (1828) exprime plus fidèlement le sentiment révolutionnaire du peuple, car le sujet de la Musique est la *révolte populaire contre la tyrannie* . Les œuvres de Meyerbeer portent le grand opéra français à son apogée ; ses « Robert le Diable » (1831) et « Les Huguenots » (1836) s'inscrivent admirablement dans l'expression de ces années, tandis que sa dernière œuvre

« L'Africaine » (1864) montre tout ce ferment de la pensée française qui fut conduisant inévitablement à la guerre franco-prussienne de 1870.

Les événements dramatiques de l'histoire française du XIXe siècle ont engendré un véritable instinct histrionique dans la composition musicale ; et la complication des effets orchestraux était une expression naturelle de la multiplicité des stimuli accompagnant chaque impulsion économique. *La cohérence* dans la musique de Meyerbeer brillait aussi par son absence que dans le monde économique français, où l'anormal, le sensationnel, le religieux et l'absurde étaient si incohéremment mêlés aux projets d'un gouvernement constitutionnel stable et de relations pacifiques avec l'Europe. La simplicité n'était pas du goût de l'époque. Les couleurs criardes et les effets bruyants reflétaient bien davantage le mode social, et Meyerbeer réagissait comme le musicien en lui aurait dû le faire, à la pression sociale dominante. Le plus grand développement s'est manifesté dans l'expression dramatique orchestrale, et l'action dans une scène a commencé à prendre une place supérieure à la vocalisation, dans la formation du drame musical. On peut dire que ce départ marque le début de la dégénérescence du véritable objectif de l'opéra.

Avec le règne de la paix après la guerre franco-prussienne, un élément nouveau entre dans les productions musicales de l'époque. Les concerts d'orchestre abondaient. La musique religieuse de Dubois, Gounod et Franck était d'un excellent caractère, en phase avec l'agitation croissante autour des questions religieuses. La France avait besoin de rythme, comme un homme affamé a besoin de pain, et elle l'a trouvé dans un retour partiel à Bach et aux maîtres encore plus anciens de la musique sacrée. Les concerts populaires furent institués au bénéfice du peuple en 1861. Ils continuent jusqu'à nos jours leur mission utile. La France a exigé que la vie soit réellement représentée dans sa musique. Cette exigence impossible conduit la musique française loin des caractérisations relatives telles que présentées dans « Faust » de Guonod et « Carmen » de Bizet, et dans la région ridicule des « larmes tonales », où un programme imprimé est nécessaire pour informer les auditeurs, que les staccati de les piccolo sont destinés à indiquer les gouttes de pluie sur le front de milady, et non à annoncer le cri d'un cochon. Sans le programme, qui le saurait ?

Vers la fin du siècle, on constate un déclin des éléments sensuels et mystiques, tant dans les affaires économiques que musicales. Le « Faust » de Gounod en 1859 reflétait ces qualités de l'esprit social, et son « St. Cecilia Mass" en 1856 exprimait l'attitude religieuse du peuple. Mais la montée de la République actuelle a remis le sceptre entre des mains plus sévères, et l'utilisation habile de la musique dans la caractérisation a été clairement exprimée, dans la mesure du possible, dans « Carmen » de Bizet en 1873. Saint Saëns et Massenet montrent le raffinement intellectuel de la période maintenant inaugurée, avec ses fortes suggestions de sentiment dramatique si délicieusement exprimées, tout en s'accrochant aux anciens modèles de construction mélodique et en évitant les effets durs et bizarres manifestés récemment dans les tendances françaises. César Franck, dans son bel oratorio « Les Béatitudes » (produit en 1891), démontre la véritable profondeur du sentiment religieux existant sous les ornements intellectuels de l'esprit français à cette époque, ainsi que la grande profondeur et la valeur musicale de cette œuvre. un fonds de sentiment religieux, que nous ne croyons pas avoir été écrasé par la récente séparation de l'Église et de l'État, et qui se manifestera bientôt en révolte.

Les toutes dernières œuvres lyriques des compositeurs français témoignent d'un désir fou d'expression d'une musique nationale, qui ressemble plus à une tentative d'extirper la suprématie musicale de l'Allemagne qu'à un projet d'établissement d'une véritable progression de l'art français. La France aimerait avoir une Musique qui lui soit propre, qu'elle soit laide, déformée ou bizarre. Elle veut diriger l'art musical, démolir les vieux modèles, imposer une nouvelle gamme à son peuple à moitié distrait, et habiller les choses difformes d'une exagération orchestrale absurde, qui noie tellement la pauvre voix humaine que le un organe vocal impuissant est obligé de crier des phrases dramatiques à un public assourdi, sur les innombrables vibrations effrénées d'une centaine d'instruments ou plus qui sonnent follement. Quelle farce ! Un grand opéra présentant une Parisienne moderne, vêtue d'une chemise moderne, criant des propos banals accompagnée d'un orchestre monstre ! Mais cela doit changer. La voix humaine reprendra tout son sens lorsque la mentalité moderne surexcitée se sera calmée pour revenir à la normale. L'orchestre se réduira à sa position diminutive et correcte, comme simple suggesteur de l'harmonie qui soutient la voix, et les émotions de la vie trouveront leur véritable soulagement dans un rythme accentué, une mélodie apaisante et de nobles harmonies. La France traverse encore, et elle ne sortira certainement pas, sa période de transition avec ce qu'elle essaie aujourd'hui d'appeler « Musique ».

La fierté française pour l'accomplissement musical se manifeste clairement dans l'aide apportée à cette culture par l'activité de l'État. [36]

NOTES DE BAS DE PAGE :

[36] Les statistiques se trouvent à l'annexe E .

CHAPITRE IX.
ÉTATS-UNIS.

Il est surprenant et profondément regrettable que le gouvernement fédéral des États-Unis fasse preuve d'un manque d'intérêt pour l'éducation musicale. Mais notre jeune pays ne restera probablement pas longtemps à l'écart des petits pays. Notre espoir repose sur la générosité et la sagesse fondamentales de notre esprit national, qui gaspille aujourd'hui d'énormes sommes en divertissement musical, mais ne dépense rien du tout pour l'éducation musicale gratuite de ses citoyens doués.

Nous avons dans ce pays un étrange mélange de races et d'idéaux, tous apportant quelque chose des conditions de l'Ancien Monde et se combinant pour former un type nouveau. Les gens qui ont lutté si courageusement tout au long des XVIIIe et XIXe siècles étaient d'origines diverses, mais tous en sont venus à lutter contre une tragédie d'une sorte ou d'une autre implantée dans leur composition mentale. Les émotions ont poussé les pionniers vers leur seul refuge, l'Église ; même la ballade, aussi simple soit-elle, ne trouvait que peu de place là où se trouvait le livre de prières. La vie des pionniers a donné peu de place à la complication des stimuli, jusqu'à ce que le XIXe siècle ouvre les portes de notre pays aux inventions industrielles et au mécontentement de la main-d'œuvre étrangère. Une atmosphère tamisée et presque religieuse a étouffé les émotions au cours de la première moitié du XIXe siècle, mais les vagues de réformes déferlant sur l'Europe ont trouvé leur chemin même ici en 1861, et la Grande Guerre Civile nous aurait profondément émus si le puissant les courants de sentiments en nous ont été maintenus soumis par nos habitudes d'Église. Les quelques soupapes de soulagement permises à notre peuple dans les productions primitives de vaudeville et de théâtre n'étaient pas suffisantes pour compenser l'irritation causée par des stimuli économiques qui se compliquent rapidement. À cette époque, notre population immigrée venait d'Angleterre, d'Irlande, d'Écosse, du Pays de Galles, du Danemark, de Belgique, d'Allemagne, de Suède, de Norvège et de Suisse. Ces immigrants possédaient généralement la tête froide, étaient de bon caractère et sévères, compétents dans divers métiers, et ils venaient s'établir définitivement. Ils ne font plus qu'un avec notre peuple, et nos luttes étaient leurs luttes. L'opéra italien et les divertissements intellectuels supérieurs s'ajoutèrent plus tard aux plaisirs des riches, mais les masses partageaient rarement de tels divertissements, et les ballades à l'ancienne et la musique de cantiques magnifiquement développée fournissaient notre seul soulagement aux troubles émotionnels. Pourtant, cela était supportable grâce au bel exercice de cantiques, jusqu'à ce que la fièvre de l'or et la folie du pétrole, unies à l'agitation des États du Sud, entraînent nos profondeurs émotionnelles vers de nouveaux mouvements, et le cri du travailleur pour la liberté et du fabricant pour plus de puissance, a ajouté de la peur et de la rage à nos émotions quotidiennes. La montée rapide de notre puissance nationale, les progrès énormes de l'éducation publique et l'incroyable multiplication des stimuli de toutes parts ont tordu et mis à rude épreuve nos nerfs nationaux au point que nous nous voyons maintenant confrontés à un type anormal, qui doit bientôt retrouver son calme normal dans action rythmique des impulsions, ou bien s'effondrer sous la tension. Nulle part nous n'avons de débouché ou d'agence de rétablissement, sauf dans la danse et dans des spectacles bon marché qui ne permettent qu'un soulagement partiel. La classe de main-d'œuvre étrangère arrivée depuis 1883 est originaire du sud de l'Europe, analphabète, fougueuse, ce qui ajoute un autre élément de danger à notre nationalité tendue, et notre gouvernement aveugle n'a toujours pas ouvert les soupapes de sécurité musicales, pour faire face à la vapeur qui monte rapidement vers le point d'éclatement. Notre talent musical est du plus haut niveau, mais, n'ayant aucune aide gouvernementale pour l'enseignement gratuit, nous sommes obligés d'aller en Europe, pour y apprendre à composer un médicament allemand, français ou italien pour une maladie américaine, lorsque notre pression sociale particulière l'exige. un remède américain particulier. Les écoles privées, n'ayant en tête que leurs propres gains financiers, sont des agents ridicules pour remplir des fonctions véritablement sociales. Le pays réclame sa propre culture musicale, aussi bien dans les zones rurales que urbaines. Le gouvernement ne voit-il pas que l'emploi musical en Amérique couvre déjà un vaste domaine ? Presque aucune fonction ne se déroule sans musique. Restaurants, hôtels, clubs, opéras, pièces de théâtre, églises, funérailles, mariages, événements sociaux, défilés, services de bateaux à vapeur, réunions syndicales, soutiennent des centaines de milliers de musiciens professionnels. Pourtant, pratiquement tous ces emplois sont réservés à des talents nés à l'étranger, car seuls les riches américains peuvent étudier la musique, et les gens ordinaires qui possèdent les meilleurs talents, qui peuvent à la fois l'aimer et en avoir le plus besoin. , se voient refuser ce moyen de gagner leur vie, tandis que les gouvernements municipaux dépensent des milliers de dollars inutiles en concerts et en quelques orchestres de parc qui ne font qu'aiguiser l'appétit du public, tandis que nos riches talents musicaux parmi les pauvres sont en train de mourir et d'être négligés. [37] Pas étonnant que la révolution frappe à la porte ! Le gouvernement ouvre les yeux avec son plan d'éducation gratuite, contribuant ainsi à perturber le rythme humain par des journaux sensationnels, des rues bruyantes, des prix élevés et une vie trop rapide, tout en fermant la porte à un enseignement musical gratuit qui calmerait l'esprit, et rétablir l'équilibre du pouls. Les églises captent les impulsions naturelles et la société désapprouve les formes « nouvelles », mais la nature générera néanmoins son énergie et, refoulée dans le système humain, elle débordera à un moment donné.

Les États-Unis ne manquent en aucun cas d'une prospérité suffisante pour maintenir l'enseignement musical public et la culture d'un métier salarié. Nos rapports financiers parlent d'eux-mêmes. En comparant notre prospérité et notre négligence de la culture musicale avec les activités dans ce sens menées par d'autres pays, grands et petits, la lettre suivante de l'ex-président Taft peut être intéressante :

La Maison Blanche,
Washington.

3 juillet 1909.

Mon cher monsieur:-

J'ai votre lettre et je ne crois pas qu'il soit possible d'obtenir du gouvernement américain un quelconque crédit pour la promotion des écoles de musique. Cela doit être fait par une munificence privée, voire pas du tout.

Cordialement,
WM. H.TAFT.

L'Amérique est folle de musique. Les spectacles cinématographiques sauvent notre santé mentale avec leurs combinaisons rythmiques d'ondes lumineuses et sonores, leurs audiences quotidiennes s'élevant à 5 000 000 de personnes dans 14 000 salles de cinéma et 4 000 sujets mis chaque année sur le marché américain. [38] Par ce moyen, nous conservons notre rythme, mais les remèdes supérieurs du concert orchestral, de l'opéra et de la musique de chambre sont refusés aux gens qui n'ont pas de richesse, tandis que les centaines de milliers de postes rémunérés dans les corps qui composent ces forces, sont également interdites à nos talents naturels, car il n'existe pas d'écoles libres dans lesquelles de tels talents puissent se développer. Seuls les aisés peuvent étudier la musique aux États-Unis et, curieusement, notre véritable talent ne réside souvent pas dans cette classe, mais en dehors de ce cercle enchanté, parmi les éléments de nos enfants nés à l'étranger et les natifs des pays étrangers. -né, dont les nerfs ancestraux ont été nourris par le rythme musical fourni au niveau national.

L'or des États-Unis devrait être versé sur le domaine de la musique nationale, source de santé et de joie, si chèrement aimée par le peuple et si nécessaire à la relaxation mentale et physique des tensions exaspérantes de la vie moderne. Une étoile brillante ornera l'administration du premier président qui prendra en charge cette nécessité.

NOTES DE BAS DE PAGE :

[37] La valeur de l'enseignement musical tel qu'il est dispensé dans les écoles publiques ne mérite pas d'être considérée au-delà de son aspect de diversion.

Le chant constitue une menace pour le placement correct de la voix et les exercices restants sont insignifiants.

[38] American Industries, janvier 1913.

ANNEXE A.
QUESTIONNAIRE.

La forme exacte du questionnaire américain utilisé pour la collecte des statistiques est donnée ci-dessous. Les enquêtes envoyées à l'étranger suivaient le même plan et avaient la même portée, mais étaient formulées en termes un peu plus indirects et formels, et bien entendu chaque série de questions distinctes était envoyée dans la langue du pays auquel elle était adressée.

Pour un travail statistique, j'ai besoin de quelques informations officielles concernant les requêtes suivantes :

1. Combien le gouvernement américain dépense-t-il chaque année dans les conservatoires publics pour l'enseignement gratuit des élèves ?

2. Quel est le montant de la contribution annuelle des différents États pour le même objectif ?

3. Existe-t-il des subventions pour le Grand Opera de la part du gouvernement américain ou des États ?

4. Existe-t-il des subventions pour les organisations d'orchestres ou pour les sociétés chorales ?

5. Existe-t-il des prix décernés chaque année par l'État pour récompenser les réalisations musicales des compositeurs, chanteurs et musiciens ?

6. Existe-t-il des dotations du gouvernement américain ou des États pour permettre à de jeunes musiciens doués de compléter leur éducation musicale en Amérique ou à l'étranger ?

ANNEXE B.
SOURCES DE MATÉRIEL STATISTIQUE.

Les sources des statistiques de cette annexe sont indiquées dans le premier tableau ci-dessous.

C'est avec plaisir que je profite à nouveau de cette occasion pour exprimer mon appréciation des invariables courtoisies témoignées en réponse à mes demandes. Ailleurs [39] on trouvera les noms des fonctionnaires dont les rapports minutieux et souvent détaillés ont permis à l'auteur de donner au lecteur une idée du soutien relatif accordé à la musique par les gouvernements des États étrangers.

Pays	*Statistiques d'ameublement officielles ou institutionnelles*	*Communication datée*
L'Autriche	Académie Impériale de Musique et des Beaux-Arts.	13 décembre 1912
Bavière	Ministre de l'Intérieur, de la Religion et de l'Éducation.	21 avril 1913
Belgique	Ministre des Arts et des Sciences.	4 février 1913
Danemark	Consul général du Danemark à New York.	8 mai 1913
		13 mai 1913
Équateur	Conservatoire de Musique de Quito.	31 août 1913
Angleterre	Conseil national de l'éducation, Whitehall,	24 décembre 1912

	Londres, Angleterre.	
France	Conservatoire de Paris.	9 février 1913
Hollande	Ministre de l'Intérieur.	19 mars 1913
Hongrie	Secrétaire d'État, Budapest.	23 mars 1913
Italie	Ministre de l'Instruction.	10 mars 1913
Norvège	Inspecteur Royal de la Musique à Christiania.	15 décembre 1912
Prusse	Consul général des États-Unis à Berlin.	10 mars 1913
Russie	Premier secrétaire de l'ambassade de Russie, Washington, DC	28 mai 1913
Saxe	Ministre de l'Intérieur.	8 avril 1913
Suède	Conservatoire royal de musique de Stockholm.	4 janvier 1913
États-Unis	Greffier en chef, Bureau de l'éducation des États-Unis.	15 mars 1913

NOTES DE BAS DE PAGE :

[39] Voir pages 16-17 .

- 62 -

ANNEXE C.

Ces chiffres visent simplement à donner une idée des activités étrangères dans le soutien annuel national à la culture musicale. Les comparaisons, sans statistiques plus détaillées, seraient trompeuses et injustes. C'est pourquoi les calculs par habitant ont été volontairement omis.

Toutes les dépenses et crédits de la Musique militaire ont été déduits des statistiques reçues. La Saxe et la Bavière, en tant que simples États, n'appartiennent pas à la liste ci-dessus, mais les réalisations louables de la Bavière se traduisent par ses dépenses totales de 703 030 marks par an.

Des pays	Population [40]	Miles carrés	Monnaie étrangère	Dollars américains
L'Autriche	28 568 000	115 903	1 730 084 couronnes	351 207
Belgique	7 317 561	11 373	641 275 francs	123 766
Danemark	2 775 000	15 582	20 600 couronnes	5 520
Équateur (1913)	1 400 000	116 000	28 500 sucres	13 879
France	39 252 000	207 054	1 971 118 francs	380 425
Grande Bretagne	45 947 000	121 510	4 600 livres	22 385
Hollande	5 858 000	12 648	32 000 florins	12 864
Hongrie	20 851 000	125 430	1 126 033 couronnes	228 584
Italie	34 565 000	110 659	851 340 lires	164 308

Norvège	2 393 000	124 130	15 700 couronnes	4 207
Russie	142 585 000	2 217 929	139 900 roubles	72 048
Suède	5 476 000	172 876	313 017 couronnes	83 888

NOTES DE BAS DE PAGE :

[40] *Américain scientifique* de 1913.

ANNEXE D.
NOTES SUR LA TABULATION.

Le tableau qui précède peut être considéré comme assez représentatif, car les ressources relatives de chaque pays et le coût relatif du maintien des institutions musicales tendent à égaliser la somme de leurs bénéfices réels pour la population. Les institutions bavaroises et autrichiennes facturent des tarifs modestes pour l'enseignement aux talents locaux, mais des sommes beaucoup plus élevées aux étrangers. La France et la Belgique imposent simplement un droit d'entrée aux indigènes, mais les étrangers paient une somme confortable et doivent passer un examen difficile. La lettre du célèbre violoniste et professeur Ovid Musin, donnée en annexe E, montre qu'il existe deux classes d'étudiants, les étudiants autochtones qui paient une somme très modique et les étudiants étrangers payants. Cette lettre était une réponse à notre enquête concernant les frais de scolarité facturés par les conservatoires de musique français et belges sous contrôle gouvernemental. L'Italie exige également une petite somme annuelle pour l'instruction des indigènes, mais toutes ses institutions enseignent gratuitement des talents exceptionnels, si l'incapacité de payer du candidat est prouvée.

La répartition de la culture italienne à Milan, Naples, Palerme, Parme, Florence et Rome constitue un domaine des plus honorables pour le soin gouvernemental qu'elle accorde à la musique. Compte tenu de la position de l'Italie dans le monde commercial, ses chiffres représentent une forte proportion d'attention aux besoins musicaux. C'est ce que nous attendrions naturellement de cette grande et vieille race méditerranéenne, qui n'a jamais manqué dans toute sa merveilleuse histoire, de défendre ses idéaux les plus élevés malgré ses calamités. Son génie musical a toujours trouvé une protection nationale. L'Italie a ainsi fait preuve de sagesse.

La densité de la population française fait baisser ses dépenses *par habitant*.

La différence entre les frais facturés aux étudiants autochtones peut dépendre des différents coûts de soutien selon les pays. Par exemple, à Vienne, 40 dollars par an représentent une seule taxe, tandis qu'à Bruxelles, la taxe imposée aux autochtones n'est que de 1 dollar par an.

Même si l'enseignement n'était pas gratuit, les institutions gouvernementales facturant l'enseignement seraient toujours d'une grande aide au progrès de la culture musicale dans leurs États respectifs, car les petites sommes facturées sont à la portée de ceux qui peuvent avoir leurs journées libres pour étudier. Jusqu'où irait 40,00 $ pour l'éducation musicale aux États-Unis ? Aux États-Unis, les professeurs de chant et de piano facturent entre 2 et 5 dollars par cours, pour conserver leur position parmi les professeurs dits de première classe. Les frais de voiture, la musique, les instruments, les vêtements, les billets de concerts, d'opéras, etc., épuiseraient 40,00 $ en un mois ; et tandis qu'un maçon ambitieux pourrait facilement payer 40,00 dollars par an pour l'éducation musicale de son enfant dans une université financée par le gouvernement, 40,00 dollars par mois représenteraient le plein salaire de deux de ses filles, travaillant toute la journée dans un grand magasin. Les « écoles de musique gratuites » n'auraient pas autant de succès que les « écoles nationales de musique », car notre peuple n'aime pas tout ce qui tend à diviser ceux qui peuvent payer de ceux qui ne le peuvent pas. Les plus sages de nos parents américains aisés envoient désormais leurs enfants dans nos écoles publiques, de préférence aux académies privées, connaissant bien les avantages supérieurs ainsi obtenus. Lorsqu'on saura que les écoles nationales de musique sont sur un pied d'égalité avec les universités d'État, offrant le meilleur enseignement au monde et les meilleurs avantages, alors l'obtention d'un diplôme dans ces institutions sera une question de fierté pour quiconque, riche ou pauvre.

La question des honoraires.

Comme nous l'avons dit, les petites sommes exigées comme frais d'entrée ou de scolarité par certaines des institutions musicales bénéficiant du soutien gouvernemental n'enlèvent rien à la valeur de ces institutions ; mais il ne serait guère juste de placer tous les conservatoires ainsi conditionnés sur un pied d'égalité avec ceux qui ne prennent aucun frais pour l'enseignement des élèves indigènes, à moins qu'une certaine supériorité des avantages éducatifs dans les premiers ne tende à égaliser leurs avantages. Il est impossible de juger des mérites de chaque institution, et un tel examen critique n'est pas le but de ce travail ; mais il n'est peut-être pas déplacé ici de mentionner les systèmes employés par quelques pays qui se montrent particulièrement soucieux de leur culture musicale nationale. La Belgique a produit une grande partie du génie mondial, nous donnant de son seul conservatoire de Liège des artistes aussi splendides que Martin Marsick, Ovid Musin, Ysaye, Cesar Thomson et Remy. Liège ne facture aucun frais aux talents locaux. Dans sa réponse [41] à notre demande de renseignements concernant les tarifs des conservatoires français, belges et hollandais, Ovid Musin attribue les résultats artistiques marqués des conservatoires belges au fait que la rémunération des professeurs est telle qu'elle leur permet de se consacrer tout leur temps à leurs élèves du conservatoire ; les étrangers paient 200 francs par an, mais les étudiants autochtones bénéficient de cours gratuits.

En réponse à une demande similaire concernant les frais de scolarité dans les écoles de musique gouvernementales italiennes, Signor Gatti-Casazza, directeur du Metropolitan Opera House de New York, a répondu qu'il y avait des élèves gratuits et payants.

La question des frais de scolarité dans toutes les écoles publiques de musique impliquerait une recherche exhaustive sur les idéaux qui sous-tendent la fondation de chacune de ces écoles et sur les ressources dont dépend leur entretien. Sans aucun doute, l'idéal le plus élevé de telles entreprises est celui qui anime le système belge et assure son merveilleux succès. Une étude approfondie de la gestion belge de ses conservatoires serait certainement éclairante et inspirante pour notre propre pays. Ce petit pays mérite d'être félicité, en tant que détenteur des lauriers musicaux du passé et du présent en matière de soutien national aux talents autochtones. Ses efforts sont des signes du génie musical live de la Belgique et témoignent du grand souci de l'État envers la culture musicale. La Belgique a toujours été un leader en matière de culture musicale, et le monde lui doit une dette de gratitude pour ses produits de génie, qui ne seront pleinement appréciés que lorsque le stade anormal actuel sera passé et qu'une école musicale plus saine sera à nouveau établie.

L'Amérique doit une grande partie de son plaisir le plus rare au génie varié présenté dans la musique russe. Que la leçon de l'attention portée par le gouvernement russe aux besoins musicaux de ses sujets ne soit pas perdue, dans la prospérité de nos États-Unis d'Amérique, trop commercialisés.

Sans l'excellent montant des dépenses bavaroises pour l'enseignement public de la musique, l'Allemagne dans son ensemble présenterait un chiffre très médiocre, car la Saxe est faible et les statistiques prussiennes sont « indisponibles ». [42] La Saxe, avec sa merveilleuse production musicale, qui ravit tant le monde musical, est évidemment entre les mains d'entreprises privées, dans lesquelles la protection gouvernementale et la culture étatique des talents saxons ne jouent encore qu'un petit rôle. C'est surprenant, compte tenu des exemples autour de la Saxe, mais ses ressources et son histoire doivent être prises en compte dans le jugement de sa générosité.

La population de la Norvège est à peine égale en nombre à celle d'une de nos villes américaines de taille moyenne ; c'est pourquoi ses figures représentent un véritable amour et un véritable souci pour la musique, et les produits de son génie musical justifient pleinement le soutien accordé. Elle tient sa place dans la protection musicale.

Le Danemark a enrichi notre vie américaine du sang fort et libre du Nord, et sa musique, avec sa douce tristesse, a laissé son empreinte sur la culture musicale américaine.

Les Autrichiens mélomanes et qui en ont besoin trouveront la raison de leur souci du rythme national dans les douleurs de leur histoire, car aucun autre pays n'a souffert de la double tyrannie de la guerre et de la religion comme l'ont fait l'Autriche et la Hongrie, dont les émotions ont été la harpe sur laquelle d'autres puissances ont joué continuellement. La position de l'Autriche ne semble pas suffisamment stable dans l'histoire pour l'inclure comme une puissance dirigeante distincte de l'influence allemande, et bien qu'elle soit si étroitement alliée à l'Italie par son tempérament, sa langue et ses coutumes sont allemandes et son histoire récente est étroitement analogue à celle de l'Allemagne. . Pourtant, le gouvernement autrichien se consacre aux intérêts musicaux de ses sujets talentueux. Cette race musicale a produit certains des talents les plus nobles, car ses chagrins passés et son tempérament réactif *avaient besoin* de musique à un degré marqué. L'Autriche, qui occupe une place si importante parmi les grands États en matière de culture musicale, doit être félicitée pour son brillant exemple. Les chiffres actuels de l'Autriche, sans tenir compte de la taille de sa population, l'auraient placée en tête.

Le talent musical suédois nous a appris à attendre beaucoup de la Suède, et nous sommes justifiés dans cette foi. L'action faite par la Suède dans le cadre des soins de l'État à la culture musicale trouvera également sa cause dans son histoire, car les émotions de la Suède n'ont pas été laissées se durcir par manque d'usage, et ses souffrances aiguës se sont manifestées dans une finesse de musique. talent et dans un amour pour la noblesse de la musique, égal à la progressivité de son esprit national. Dans une paix relative depuis 90 ans, apaisée par sa musique « rythmée », qui déterminera le résultat de cette noble tranquillité, aidée par son souci parental des besoins musicaux de son peuple ? La Suède constitue un splendide exemple pour les États-Unis, car malgré un manque relatif de richesse, un climat froid et un environnement apparemment triste, elle nourrit néanmoins la belle fleur de la musique nationale. Cela témoigne d'une progressivité et d'une attention doublement louables, si l'on considère, en plus du fait mentionné ci-dessus, la petitesse de sa population et de ses ressources par rapport à d'autres pays.

L'œuvre du Conservatoire de Quito, République d'Équateur, mérite des éloges pour l'intégralité de son équipement et son succès évident. Il est en effet rafraîchissant de sentir que la musique occupe une si grande part de l'attention du public dans cette courageuse petite république du sud. L'étude de ses statistiques musicales en Annexe C suggère très fortement que les races latines ont peut-être trouvé dans leur musique un antidote au commercialisme effrayant de la civilisation moderne.

La Hollande, dont on attendait peu de soutien gouvernemental à la musique, présente une très bonne réputation. Nous, Américains, qui sommes fiers que le sang néerlandais coule dans nos veines, ne pourrions faire mieux que de prendre cette petite nation comme exemple en matière de devoir national. Elle témoigne d'un soin digne d'éloges pour la culture musicale nationale. C'est avec fierté du spectacle réalisé par ce petit État distingué que nous attirons l'attention sur sa culture musicale nationale.

La Hongrie mérite des éloges pour le soin apporté à son talent musical tel que représenté dans ses statistiques. La composition hongroise a toujours eu un charme particulier pour les Américains. On peut attendre beaucoup d'une nation qui se soucie suffisamment des besoins musicaux de ses membres les plus humbles au point de soutenir un orchestre symphonique chargé de donner des concerts pour les jeunes ouvriers dans les villes de province et de propager la musique et la culture artistiques.

NOTES DE BAS DE PAGE :

[41] La communication se trouve à l'annexe E .

[42] Voir page 127 .

ANNEXE E.
COMMUNICATIONS.

Ces lettres sont présentées sous forme condensée pour des raisons de commodité.

2 janvier 1914.

Les frais de scolarité pour les étrangers dans les conservatoires européens sont de deux cents francs. L'admission dépend de la capacité musicale avérée, devant une commission d'examen, de l'étudiant à accomplir un travail sérieux, le nombre d'étudiants dans chaque classe étant limité à dix. Les étudiants autochtones ne paient que cinq francs.

OVIDE MUSIN.

« Les Conservatoires nationaux et royaux français et belges sont non seulement soutenus, mais ont été fondés et sont gérés par leurs gouvernements sous la direction de leurs commissaires nationaux et royaux pour la culture de l'art de la musique, *pour le bien de l'art* . L'enseignement est gratuit pour les indigènes, mais les étrangers sont imposés deux cents francs par an. Cet argent va au gouvernement, pas aux professeurs.... Le seul conservatoire en France qui est soutenu par le gouvernement est le Conservatoire national de Paris. Les conservatoires royaux de Hollande et de Belgique sont uniques et leur système est totalement différent de ceux de tout autre pays.... La différence entre les écoles de musique publiques de France et de Belgique réside dans le fait que la rémunération du directeur, des professeurs et des autres est suffisant dans le cas de la Belgique pour permettre à ces « fonctionnaires » du gouvernement de consacrer leur temps exclusivement à leur fonction. En fait, les professeurs sont sur le même plan que ceux des Universités, alors qu'en France la rémunération est assez faible, et les professeurs de ce Conservatoire National ne comptent pas sur leur salaire pour vivre, comme en Belgique, et pour cela C'est pourquoi les résultats artistiques du Conservatoire de Paris ne peuvent être comparés à ceux des conservatoires de Belgique.

MME OVIDE MUSIN.

« Je crois qu'au Conservatoire de Milan il y a deux classes d'élèves. L'un est admis aux cours en nombre fixe, gratuitement, l'autre moyennant paiement.

GATTI-CASAZZA ,
directeur du Metropolitan Opera House de New York .

L'AUTRICHE.

Vienne, le 13 décembre 1912.

Vous trouverez ci-joint le rapport gouvernemental et les statistiques de 1913 montrant les crédits accordés à la musique par l'Autriche.

WILLIAM BOPP,
directeur de l'Académie impériale et royale de musique et d'arts plastiques .

	Couronnes
Conservatoires d'État, chaque année	699 026
Subventions aux écoles de musique privées	332 208
Subventions aux orchestres, chœurs et autres sociétés musicales	135 850
Prix pour les compositeurs	7 000
Pour les autres musiciens	17 000
Concours d'État pour compositeurs	3 000
Autres dépenses pour la musique	114 000
Enseignement de la musique dans les écoles publiques	302 000
Enseignement du chant dans les écoles publiques	120 000
Dépenses extraordinaires dans les années 1911-1913 pour le nouveau bâtiment de	2 000 000

l'Académie Royale et Impériale
de Musique

Total   3 730 084

BAVIÈRE.

Munich, le 21 avril 1913.

Ministre d'État royal de l'Intérieur et de l'Éducation de Bavière.

Concernant les dépenses musicales en Bavière.

En Bavière, il existe deux institutions musicales dirigées et soutenues par l'État. Jusqu'à présent, leurs revenus ne suffisent pas à couvrir les dépenses. Ces institutions sont l'Académie royale de musique de Munich et le Conservatoire royal de musique de Wurtzbourg.

La contribution de l'État pour les budgets de l'année 1912-1913 est, annuellement :

	Des marques
Pour l'Académie Royale de Musique de Munich	67 370
Pour le Conservatoire Royal de Wurtzbourg	72 660

Les dépenses pour l'enseignement de la musique dans les écoles de l'État sont annuelles :

Pour les Gymnases Humanistes et les Gymnases Réels	157 000
Pour les Progymnasiums, Écoles Latines, Lycées Réels et Écoles Réelles	120 000
Pour les instituts pédagogiques (pour les deux sexes)	286 000
	703 030

L'État ne contribue aucune somme aux dépenses des Théâtres royaux de Munich.

Il n'y a pas non plus de dotations de l'État pour les bourses. Il existe des dotations privées spéciales à cet effet.

STEINER.

- 75 -

BELGIQUE.

Bruxelles, le 4 février 1913.

MINISTÈRE DES ARTS ET DES SCIENCES.
BUREAU DES BEAUX-ARTS. ARTICLE N° 31042.

Les quatre Conservatoires sont des institutions d'État et les fonds proviennent de l'État, de la province et des villes.

La subvention de l'État est la suivante :

	Francs
Conservatoire de Bruxelles	190 500
" " Liege	104 835
" " Gand	66 750
« » Anvers	65 190
Subvention annuelle pour les écoles de musique	130 000
Subvention annuelle pour les organismes symphoniques et choraux	28 800
Subventions aux compositeurs, chanteurs et musiciens doués (sous réserve de modifications) l'année dernière	20 000
(Concours de Rome) Bourse annuelle	4 000
Bureau d'études	14 200
Subvention annuelle aux compositeurs qui représentent leur opéra dans un théâtre belge	6 000
Subvention pour la publication de compositeurs belges anciens, annuellement	11 000

Total de la subvention annuelle de
l'État

641
275

M. PHILLIS.

DANEMARK.

CONSULAT DU DANEMARK.
8-10, rue Bridge

JNR. AF & I. 9/13.

New York, 8 mai 1913. [43]

Mon cher monsieur:-

Faisant également référence à votre lettre du 19 mars, je vous informe qu'une somme de 10 000 couronnes a été accordée au Conservatoire royal de musique et de 1 000 couronnes aux soi-disant « Concerts du Palais ». En outre, diverses petites sommes ont été accordées. été accordée à des chanteurs et musiciens pour leur permettre d'acquérir une nouvelle expérience à l'étranger.

En espérant que ces informations vous seront utiles, je suis,

Sincèrement vôtre,

J. CLAN ,
consul général .

ANGLETERRE.

Télégrammes   :—
Renseigne, Londres.

CONSEIL DE L'ÉDUCATION.
WHITEHALL, LONDRES, SUD-OUEST

24 décembre 1912.

Aucune partie de la subvention versée par le Conseil de l'éducation aux écoles ou autres établissements d'enseignement où la musique est enseignée n'est réservée à l'enseignement de la musique.

Une subvention annuelle de 500 £ chacune est versée par l'État à la Royal Academy of Music et au Royal College of Music. Une subvention similaire de 300 £ par an est versée à la Royal Irish Academy of Music.

Les estimations de l'armée pour l'exercice 1912-1913 comprennent des sommes de 21 700 £ pour aider aux dépenses des orchestres de l'armée régulière et 3 300 £ pour l'école de musique de l'armée. Le chant et la musique sont enseignés dans certains établissements d'enseignement militaire, mais les dépenses dans ces matières ne peuvent être séparées du reste des dépenses.

Il n'y a pas de subvention de l'État pour l'opéra.

Cordialement,
AW TWENLYMAN .

Celui-ci présente les dépenses musicales anglaises comme suit :

Subventions annuelles par État pour :—

	Livres sterling
Académie royale de musique	500
Collège royal de musique	500
Académie irlandaise de musique	300
Dépenses de la fanfare militaire dans l'armée régulière	21 700
Écoles de musique	3 300
Total	26 300

ÉQUATEUR.

31 août 1913.

Le Conservatoire National de Musique a été fondé le 26 avril 1900 par décret exécutif-judiciaire.

Subventions gouvernementales initiales.

1900	Sucres
Fonds d'installation	2 000,00
Les salaires	12 000,00
Instruments de musique et musique	3 510,30

1903-5.	
Instruments de musique et musique	35 000,00
Entretien	58 780,00

Subventions gouvernementales annuelles depuis 1905.

	Sucres
1906	23 000
1907	23 000
1908	22 000
1909	25 380
1910	27 540
1911	31 500
1912	28 500

La classe de première année, 1900, comptait quatre-vingt-treize hommes et trente et une femmes. La promotion de 1913 comprenait deux cent vingt-six hommes et deux cent treize femmes. -

LES DIRECTEURS ,
Conservatoire National de Musique ,
Quito, Équateur.

FRANCE.

9 février 1913.

Voici toutes les statistiques officielles, obtenues ce matin même.

I. PHILIPP ,
professeur au Conservatoire de Paris .

	Francs
Inspecteurs de musique, chaque année	14 200
Frais de voyage	3 000
Académie française de Rome, un cinquième du total	29 195
Conservatoire National : Professeurs	197 300
Matériel	41 350
Indemnités	41 223
Instituts de branche	156 500
Théâtres nationaux, subventions	1 225 000
Bibliothèque musicale de l'Opéra	6 000
Concerts populaires	133 500
Subventions aux sociétés musicales	7 100
Palais du Trocadéro, pour le Music Hall	13 000
Subventions aux musiciens	103 750

Total annuel
1 971
118

HOLLANDE.

MINISTÈRE DE L'INTÉRIEUR, N° 733.

Afdeeling KW Ministryie VanBinnenlandsche Zaken Gravenhage,

19 mars 1913.

Florins

1. Subventions aux conservatoires	27 000
2. Subventions pour les jeunes musiciens pauvres et doués des deux sexes, pour les aider dans leurs études	5 000
3. Pour les musiques militaires	186 000

ÈME. HEEMSKERK ,
*ministre de l'Intérieur et
secrétaire général des Pays-Bas .*

NORVÈGE.

Christiania, 15 décembre 1912.

Nos théâtres ne bénéficient d'aucune subvention gouvernementale. La musique dans les écoles publiques est une affaire locale et non fédérale.

Nous n'avons pas de conservatoires du type européen habituel, mais il existe de plus petites écoles de musique et des écoles d'organistes qui sont en partie subventionnées par l'État.

Ce que l'État dépense pour la musique peut être décrit comme suit :

	Couronnes
Musique militaire chaque année	160 000
Subvention aux compositeurs	5 200
Subvention à d'autres musiciens	6 000
Ecoles de musique	4 500
Total, annuellement	175 700

Très respectueusement,
OLE OLESON,
inspecteur de la musique de l'armée.

ITALIE.

Rome, 14 février 1913.

MINISTÈRE DE L'INSTRUCTION.

BUREAU GÉNÉRAL
DU DIRECTEUR
DES ANTIQUITÉS & BEAUX-ARTS.

Posiz. 21 suiv. gén.
N.di.

PROT. 339. OBJET : ENQUÊTE STATISTIQUE.

Le Gouvernement italien affecte 440.500 lires aux salaires professionnels et 146.400 lires aux dépenses administratives liées aux cinq conservatoires nationaux de musique, le premier montant étant réparti comme suit :

	lires
Conservatoire de Musique de Milan	102 000
Napolitaine " " "	107 000
Palerme « » »	80 000
Parme " " "	71 500
Institut Musical de Florence	80 000

Il existe un crédit supplémentaire d'environ 30 000 lires pour une indemnisation extraordinaire ou temporaire du personnel de ces différentes écoles.

Instruments, etc	131 440
Subvention gouvernementale annuelle au Conservatoire municipal de musique de Rome	101 000

Subvention annuelle aux élèves   2 000

(LUIGI) CREDARO ,
Ministre de l'Instruction Publique .

PRUSSE.

Consulat général américain,
Berlin, Allemagne.

10 mars 1913.

J'accuse réception de votre lettre du 9 février 1913, relative aux dépenses du Gouvernement prussien au profit de l'art musical.

Le Bureau statistique prussien m'a informé qu'aucun chiffre précis n'est disponible quant aux dépenses dans cette branche de l'éducation. Le ministre prussien de l'Éducation n'a pas non plus été en mesure de m'informer du montant utilisé dans cette branche particulière. Il ajoute que le montant ainsi dépensé varie d'année en année.

Outre le gouvernement prussien, diverses municipalités du Royaume accordent occasionnellement des subventions pour encourager les étudiants en musique. L'année dernière, par exemple, la ville de Berlin a voté 60 000 marks (14 280 dollars) pour que l'orchestre philharmonique puisse rester dans la ville pendant les mois d'été au lieu de se rendre au bord de la mer et dans d'autres stations balnéaires. En contrepartie de cette subvention, l'orchestre a donné des concerts populaires dans certaines grandes salles à un tarif nominal.

L'empereur allemand, à titre privé, est un contributeur libéral à l'art musical. Il accorde chaque année des subventions pour soutenir l'Opéra Royal de Berlin, le montant variant en fonction des besoins de chaque année. Le montant de cette contribution n'est pas rendu public.

Ce qui précède constitue l'information la plus précise que l'on puisse obtenir sur ce sujet. J'espère que cela pourra vous être utile.

Très respectueusement vôtre,
M. Thackara ,
consul général américain .

HONGRIE.

La liste suivante des institutions gouvernementales pour la culture musicale
en Hongrie a été aimablement soumise par le Dr Paul Majouszky, chef de la
section des beaux-arts, et Naray-Szabó, secrétaire d'État.

Couronnes

L'Académie Musicale de Budapest reçoit une somme annuelle de (sur le budget de 1913)	385 233
Les frais de scolarité s'élèvent à	54 440
Subventions annuelles aux écoles de musique entretenues par les villes et associations de province	56 000
Assistance aux musiciens, notamment aux compositeurs pour leurs études à l'étranger et pour l'édition de compositions musicales	8 000
Pour des buts musicaux généraux, des orchestres, des subventions de concerts d'œuvres musicales	122 000
Pour l'entretien de la Société Philharmonique formée par les membres de l'Opéra Royal Hongrois et de l'Orchestre Symphonique fondé par l'État pour donner des concerts aux jeunes ouvriers des villes de province.	120 000

Pour l'entretien du Royal Opera Orchestra et la rémunération de son directeur	343 500
Pour la Société Chorale de l'Université Royale Hongroise de Budapest	700
Pour la Société Chorale du Lycée Polytechnique Joseph	1 000
Et pour son Orchestre	1 500
Vers les salaires des professeurs de musique dans les écoles	88 100
Pour les groupes de musique militaire	76 000
	1 202 033

RUSSIE.

AMBASSADE IMPÉRIALE DE RUSSIE.

WASHINGTON DC

Washington, 28 mai 1913.
N° 193.

La somme exacte dépensée annuellement en subventions à la musique par le ministère impérial de l'Intérieur s'élève à 139 900 roubles par an.

ALEXANDRE LYSSAKOVSKY.
Premier secrétaire de l'ambassade.

SAXE.

Dresde, le 8 avril 1913.

Königlich-Sächsisches
des Innern.

N° 627 III. F.

Il n'existe pas de conservatoires ou d'écoles publiques d'enseignement musical en Saxe.

Les établissements d'enseignement musical relevant du département ministériel sont diverses entreprises privées.

Pour le développement artistique dans le domaine de la musique, le ministère soussigné accorde 5 000 marks par an. Cette aide concerne tout ou partie des frais de scolarité d'étudiants et d'étudiantes particulièrement doués et studieux qui appartiennent à la Saxe.

(Graf) VITZTHUM VON ECKSTAEDT ,
ministre royal de l'Intérieur, Saxe .

SUÈDE.

Conservatoire Royal de Musique.

Stockholm, le 4 janvier 1913.

Les subventions annuelles du gouvernement suédois pour la musique selon les dernières sources disponibles :

	Couronnes
Subvention annuelle de l'État pour la Royal Academy of Music et le Royal Conservatory	85 649,67
Subvention au Royal Opera House	60 000,00
Subventions aux compositeurs suédois	15 000,00
L'enseignement musical dans les écoles publiques	124 367,50
Orchestres militaires	1 027 424,10
Deux orchestres	28 000,00
Total de la subvention annuelle	1 340 441,27

FRÈRE. BECKMAN.

ÉTATS-UNIS.

MINISTÈRE DE L'INTÉRIEUR , BUREAU DE L'ÉDUCATION ,

Washington, DC, 5 mars 1913.

1. Le gouvernement américain ne consacre aucun crédit à l'enseignement des élèves des conservatoires publics.

2. À la connaissance de ce bureau, aucun des États ne contribue aux mêmes fins.

3. Le gouvernement américain n'accorde aucune subvention aux grands opéras. Dans la mesure où ce Bureau a pu obtenir des informations, aucune subvention de ce type n'est accordée par aucun État.

4. À la connaissance de ce Bureau, il n'existe aucune subvention pour les organisations d'orchestres ou les sociétés chorales.

5. À la connaissance de ce Bureau, il n'existe pas de prix décernés par l'État pour des réalisations musicales à des compositeurs, chanteurs ou musiciens.

6. Il n'existe aucune dotation du gouvernement fédéral pour permettre aux jeunes musiciens doués de terminer leur éducation musicale en Amérique ou à l'étranger.

Je puis dire que l'enseignement de la musique est donné dans certaines des écoles indiennes gérées par le gouvernement fédéral et que ces écoles ont également des organisations musicales. Aucun crédit spécifique n'est toutefois prévu pour l'enseignement de la musique par le gouvernement fédéral. Cette affirmation s'applique également aux institutions subventionnées par l'État.

Respectueusement,
TA KALBACH ,
greffier en chef.

HONGRIE.

MINISTÈRE ROYAL HONGROIS
DES CULTES PUBLICS ET DE L'ÉDUCATION
BUDAPEST
N. 13577

TRADUCTION.

J'ai l'honneur de vous donner les renseignements que vous avez demandés dans votre lettre du 11 janvier 1913. Il n'existe qu'une seule école de musique, un lycée, de l'Etat en Hongrie : l'Académie de Musique de Budapest. Le budget de l'année en cours prévoit la somme de 385.233 couronnes pour l'entretien de cet institut. Après déduction des frais de scolarité de 54.440 cr. l'État doit dépenser 333 793 cr. par an. L'État accorde également aux écoles de musique gérées par les villes et associations de province une subvention annuelle de 56.000 cr. qui augmente d'année en année. Pour aider les musiciens, en particulier les compositeurs, à faire des études à l'étranger et à publier des compositions musicales et un recueil de chansons populaires, le budget prévoit 8.000 cr. Pour fins musicales générales (orchestres, concerts, subventions d'œuvres musicales, etc.) 122.000 cr. sont destinés, spécialement 120.000 cr. au maintien de la société philharmonique formée par les membres du Royal Hung. Opéra et Orchestre Symphonique fondés par l'État pour donner des concerts pour les jeunes ouvriers, etc. dans les villes de province et pour la propagation de la musique et de la culture artistiques. L'entretien du Royal Opera Orchestra et le paiement de son dirigeant nécessitent 343.500 cr. La capitale Budapest gère un cours de musique et plusieurs villes de province entretiennent des écoles de musique et des orchestres sans aucune aide de l'État. Quant aux frais des musiques militaires, j'aurai l'honneur de vous donner ultérieurement les renseignements nécessaires.

Budapest, le 23 mars 1913.

Pour le ministre :
(Signé) NARAY-SZABO ,
secrétaire d'État .

MINISTÈRE ROYAL HONGROIS
DES CULTES PUBLICS ET DE L'ÉDUCATION
BUDAPEST
N. 124655

J'ai l'honneur de vous donner les renseignements complémentaires que j'ai promis en répondant (N. 13577, 12 avril) à votre lettre du 11 janvier. L'État hongrois accorde actuellement une subvention annuelle de 700 couronnes à la chorale de l'Université royale hongroise de Budapest, de 1 000 couronnes à la chorale et de 1 500 couronnes à l'orchestre du lycée olympique Joseph. Dans les collèges (Collèges et Ecoles Réelles) l'enseignement musical n'est pas encore parfaitement organisé, les frais de scolarité sont à la charge des élèves, l'Etat contribue aux salaires des professeurs de musique. Les frais annuels dudit enseignement s'élèvent (y compris un salaire de 6400 cr. pour l'inspecteur) dans les écoles de filles à 74.500 cr., dans les instituts médico-pédagogiques à 13.600 cr., ceux pour l'entretien des fanfares militaires dans l'armée régulière 76.400 couronnes.

Budapest, le 24 juillet 1913.

Par arrêté du Ministre,
(Signé) DR PAUL MAJOWZKY ,
Chef de la Section des Beaux-Arts .

NOTES DE BAS DE PAGE :

[43] Une autre lettre datée du 13 mai 1913 ajoute « 9 600 couronnes aux différentes associations de concerts », portant les dépenses annuelles du Danemark pour l'enseignement musical à un total de 20 600 couronnes.

ANNEXE F.
BIBLIOGRAPHIE.

HISTOIRE AMÉRICAINE ET ENCYCLOPÉDIE DE LA MUSIQUE. : Irving Square, New York.

BAILEY, LH : Mouvement de vie à la campagne, 1911, MacMillan Co.

BRYCE, JAMES : Le Commonwealth américain, 1911, MacMillan Co.

BULFINCH, THOMAS : Age of Fables, John D. Morris & Co., n° 122 de l'Edition de Luxe.

CÉSAR, JULES : De Bello Gallico.

CARHART, HS : Physique universitaire, partie I, Allan & Bacon, Boston.

DARWIN, CHARLES : Descent of Man, 1909, Appleton & Co., deuxième édition.

DEFURSAC, J. ROGUES : Manuel de psychiatrie, 1908, John Wiley & Sons, New York.

DICKINSON, EDWARD : L'étude de l'histoire de la musique, 1912, Chas. Fils Scribner, New York.

ELLIS, HAVELOCK : Études sur la psychologie du sexe, 1906, FR Davis Co., Philadelphie.

ELLIS ET HORNE : L'histoire des plus grandes nations, Niglutsch.

GALTON : Génie héréditaire et hommes de science anglais.

GIBBINS, H. DE B. : L'industrie en Angleterre, 1907, Charles Scribner's Sons, New York.

GIBBONS, ÉD. : Empire romain, Hurst & Co., New York.

GIDDINGS : Démocratie et Empire, 1912, MacMillan Co. ; Principes de sociologie, 1911, MacMillan Co. ; Sociologie descriptive et historique, 1909, MacMillan Co. ; Sociologie inductive, 1909, MacMillan Co. ; Éléments de sociologie, 1898, MacMillan Co. ; « Sociologie », une conférence publiée en 1908 par Columbia Press.

GROTE, GEORGE : Grèce, Peter Fenelon Collier & Son, New York.

GUMMERE, FRANCIS B. : Origines germaniques, 1892, Chas. Fils Scribner, New York.

GUMPLOVICZ, LUDWIG : Rassenkampf, 1909, Innsbruck, Wagnersche univ. Buchhadlung.

GURNEY, EDMUND : Le pouvoir du son, 1880, Smith, Elder & Co., Londres.

HADDON, AC : L'errance des peuples.

HARRISON, JANE ELLEN : « Thémis ».

HAWEIS, RÉVÉREND HR : Musique et morale, 1876, Harper & Bros., New York.

HAWES, CH ET HB : Crète, le précurseur de la Grèce, 1911, Harper & Bros.

HELMHOLTZ, HERMANN LF : Sensations de ton, 1912, Longmans, Green & Co.

HAEKEL, ERNST : Riddle of the Universe, Harper & Bros., NY et Londres.

HERVEY, ARTHUR : Maîtres de la musique française, 1896, Chas. Les fils de Scribner.

HISTORICAL PUBLISHING CO., THE , Londres, Philadelphie. Le drame.

HOUGH ET SEDGWICK : Le mécanisme humain, Ginn & Co.

HOWELL, WILLIAM H. : Text-Book of Physiology, 1907, VB Saunders Co., New York.

HUEFFER, FRANCIS : Un demi-siècle de musique en Angleterre, 1889, Gebbie & Co.

JANET, PIERRE : Les principaux symptômes de l'hystérie, 1907, MacMillan Co.

JENCKS ET LAUCK : Problème d'immigration, 1912, Funk & Wagnalls Co.

KEANE, AH : Les peuples du monde, 1908, GP Putnam's Sons, New York.

KITTO, JOHN : Palestine, Peter Fenelon Collier & Son, New York.

KRAEPELIN, DR EMIL : Psychiatrie clinique, 2e édition, William Wood & Co., 1906.

LANSON, GUSTAV : Histoire de la littérature française, 1894, Hachette & Co., Paris.

LAVIGNAC, ALBERT : Musique et musiciens, 1899, Henry Holt & Co., New York.

LÉTOURNEAU, CHAS. : Propriété, son origine et son développement, 1896, Charles Scribner's Sons, New York.

MAINE, HENRY SUMNER : Conférences sur l'histoire ancienne des institutions.

MAITLAND, FULLER : Maîtres de la musique allemande, 1894, Osgood, McIlvaine & Co., Londres.

MARX, DR KARL : Le Capital, 1909, Chas. H. Kerr & Co., Chicago.

MORGAN, LEWIS H. : Peuples anciens.

MYRES, JL : L'aube de l'histoire, 1911, Williams et Norgate, Londres.

OCHEA : Trésor du Théâtre Espanol, Tomo IV, 1898, Garnier Hermanos, Paris.

REINSCH, PAUL S. : Gouvernement fédéral américain, Ginn & Co.

RIPLEY, WILLIAM G. : Les courses d'Europe.

ROUSSEAU, JJ : Du contrat social, Ernest Flammarion, Paris.

RUTHERFORD, E. : Activité radiophonique, 1905, Cambridge, University Press.

SCHOPENHAUER, ARTHUR : Le monde comme volonté et idée, 1907-9, K. Paul, Trench, Trubner & Co., Londres.

SEAGER, HENRY ROGERS : Assurance sociale, 1910, The MacMillan Co., Amer. Série sur le progrès social.

SEEBOHM, FREDERICK : Les coutumes tribales dans le droit anglo-saxon, 1902, Longmans, Green & Co., New York ; Le système tribal au Pays de Galles, 1904, Longmans, Green & Co., New York.

SPENCER, HERBERT : Premiers principes.; Philosophie synthétique, 1900, D. Appleton & Co. ; Principes de biologie, 1900, D. Appleton & Co.

ENCYCLOPÉDIE AMÉRICAINE STANDARD, THE.

STEINER, EDWARD A. : Sur les traces de l'immigrant, 1906, Fleming H. Revell Co.

STORRING, GUSTAV : Pathologie mentale et psychologie normale, 1907, Swan, Sonnenschein & Co., Londres.

STREATFIELD, RA : L'Opéra, 1907, George Routledge & Sons, Limited, Londres.

SUMNER, WILLIAM J. : Folk Ways, 1907, Ginn & Co., Boston.

SYMONDS, JOHN ADDINGTON : Renaissance en Italie, 1907, Chas. Fils Scribner, New York.

TACITE : Germania, 1911, G. Bell & Sons, Londres.

TAYLOR, ISAAC : L'origine des Aryens.

THOMAS, WILLIAM J. : Livre source sur les origines sociales, 1909, The University of Chicago Press.

THOMSON, J. ARTHUR : Darwinisme et vie humaine.

THORNDIKE, EDWARD A. : Psychologie pédagogique, 1903, The Science Press, New York.

TILLEY, ARTHUR : La littérature de la Renaissance française, 1904, Cambridge, à l'University Press.

WALLESCHEK, RICHARD : Musique primitive, 1893, Longmans, Green & Co.

WARD, LESTER : Sociologie appliquée, 1906, Ginn and Co.

WEBB, SIDNEY ET BEATRICE : Démocratie industrielle, 1911, Longmans, Green & Co., Londres.

WILLEBY, CHAS. : Maîtres de musique anglaise, 1893, Jas. R. Osgood, McIlvaine & Co., Londres.

WOOLDRIDGE, HE : The Oxford History of Music, 1901, Oxford, à Clarendon Press.